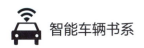
智能车辆书系

深入理解 ICT 与 自动驾驶

全彩图解版

【日】野边继男 ◎著
陈慧　张诚　陈恭羽 ◎译

TETTEI KAISETSU ICT GA TSUKURU KURUMA NO MIRAI-JIDO UNTEN HEN written by Tsuguo Nobe.
Copyright ⓒ 2015 by Tsuguo Nobe.
Originally published in Japan by Nikkei Business Publications, Inc.
Simplified Chinese translation rights arranged with Nikkei Business Publications, Inc. through Bardon Chinese Media Agency.

本书由日经出版社授权机械工业出版社在中华人民共和国境内地区（不包括中国香港、澳门特别行政区以及中国台湾地区）出版与发行。未经许可之出口，视为违反著作权法，将受法律之制裁。

北京市版权局著作权合同登记　图字：01-2016-4315。

图书在版编目（CIP）数据

深入理解 ICT 与自动驾驶／（日）野边继男著；陈慧，张诚，陈恭羽译. —北京：机械工业出版社，2018.3

（智能车辆书系）

ISBN 978-7-111-59499-4

Ⅰ.①深… Ⅱ.①野… ②陈… ③张… ④陈… Ⅲ.①汽车驾驶-自动驾驶系统 Ⅳ.①U463.8

中国版本图书馆 CIP 数据核字（2018）第 056875 号

机械工业出版社（北京市百万庄大街22号　邮政编码100037）

策划编辑：赵海青　　责任编辑：赵海青　母云红
责任校对：王　欣　　责任印制：张　博
北京东方宝隆印刷有限公司印刷
2018年5月第1版第1次印刷
169mm×239mm・8印张・118千字
0001—4000册
标准书号：ISBN 978-7-111-59499-4
定价：88.00元

凡购本书，如有缺页、倒页、脱页，由本社发行部调换

电话服务　　　　　　　　　　　网络服务
服务咨询热线：010-88361066　　机 工 官 网：www.cmpbook.com
读者购书热线：010-68326294　　机 工 官 博：weibo.com/cmp1952
　　　　　　　010-88379203　　金 书 网：www.golden-book.com

封面无防伪标均为盗版　　　　教育服务网：www.cmpedu.com

前言

以 2020 年前后为目标节点，世界各国的汽车制造商正在为实现车辆的自动驾驶而展开研发竞争。自动驾驶汽车利用摄像头以及毫米波雷达、LiDAR（激光雷达，英文全称为 Laser Imaging Detection and Ranging）、超声波雷达等多种传感器采集信息，经计算机处理后实现对车辆周围状况的感知。

通过感知与"事故"相关联的风险，计算机计算出规避风险的路径，在人不介入的情况下，将该计算结果直接通过车内 CAN（Controller Area Network）网络通信等传递给控制系统，以控制车辆的运动。

另一方面，这些传感器能感知的距离范围只有 100～200m。对于该范围以外的距离，则需要参照云端的三维驾驶用地图来游刃有余地实现具有计划性的自动驾驶。

进一步，如果实际行驶所得到的信息与原地图不相符，则将数据上传云端进行地图更新。这样，通过将来自大量非特定车辆的各类传感器数据汇集于云端数据中心，经统计处理以及大数据处理后，实现了三维驾驶用地图的更新。此外，通过引入机器学习等人工智能技术，可生成在一般道路十字路口也能安全通过的自动驾驶算法。因此，每辆汽车不仅是三维驾驶用地图的使用者，同时也是地图的绘制者。

仅凭上述车辆信息技术的开发是不足以实现自动驾驶的，还必须对关联技术进行投入。首先需扩充数据中心等设备，用于自动驾驶所不可或缺的数据收集、存储和处理。日本是数据中心"不发达国家"。据说在互联网发展较为先进的美国，将人工智能等技术逐步应用于市场的各公司都拥有规模达 100 万台级服务器的数据中心，而日本即便将所有这类公司加起来，估计也只有 100 万台左右。这样，要实现自动驾驶的附加价值就不得不依赖于海外。

至于通信设备，依靠今后将进一步发展的移动电话网就足够了。很多人担心自动驾驶开始后通信量会剧增而超出通信能力，其实这根本不用担心。对自动驾驶而言，大数据量的通信频率不高，而通信频率高的是小数据量数据，所以不会造成那么多通信负担。当然，各种数据压缩方法、通信量最优化网络管理技术等还是必须要考虑的。

此外，地图及通信的国际通用化、更牢靠的网络安全技术的导入，以及车辆固有的隐私问题的解决将变得越发重要。

本书介绍了大量与自动驾驶汽车相关的实际情况，笔者在 ICT 及汽车行业均有涉足，相信本书一定能为大家提供参考。

祝各位读者身体健康。

野边继男

目录

Contents

前言

第1章 美国 NHTSA 关于自动驾驶的提议 // 001

1-1 提议的定位 // 002

1-2 NHTSA 的自动化水平定义 // 010

1-3 NHTSA 的自动化研究项目 // 019

1-4 无人驾驶公开道路试验及牌照颁发的推荐原则 // 024

1-5 人为因素研究的重要性（对 NHTSA 资料的补充）// 029

第2章 ICT 如何为自动驾驶的实现做出贡献 // 041

2-1 人类视角所见"自动驾驶"与"普通驾驶"的本质区别 // 042

2-2 SLAM 的应用 // 061

2-3 识别外部环境，预测物体运动 // 071

2-4 规划无碰撞路径 // 073

第3章 自动驾驶所必需的图像技术及人工智能 // 075

- 3-1 各类传感器的技术动向与未来预测 // 076
- 3-2 图像识别技术 // 084
- 3-3 什么是机器学习和深度学习 // 086
- 3-4 自动驾驶的适用范围和必要的智能判断 // 092
- 3-5 机器学习与自动驾驶 // 094

第4章 实现自动驾驶所面临的课题 // 101

- 4-1 网络安全的风险与对策 // 102
- 4-2 隐私保护问题与对策 // 113
- 4-3 全球化竞争中是否能取胜 // 117

深入理解
ICT与自动驾驶

第 1 章

美国 NHTSA 关于
自动驾驶的提议

1-1　提议[1]的定位

[1] "Statement"可翻译为声明、告示等，但NHTSA文中有Preliminary（初步）之意，并在文中使用了Guideline（指导方针）以及Recommendation（推荐）等词，因此将其翻译为"提议"。

[2] 燃油消耗的改善也是其重要职责。在何年达到何等级的燃料消耗，即CAFE（企业平均燃料经济性）的规定，是NHTSA所提议的。

[3] 此公示中没有此装置名称的明确表达，一般情况称为"Electric Control Systems（电子控制系统）"或者简称为"Systems（系统）"。相反，例如Computer（计算机）等词则一次都没有出现过。

NHTSA（美国公路交通安全管理局）在2013年5月30日提出的"Preliminary Statement of Policy Concerning Automated Vehicles"（针对自动驾驶汽车的初期陈述）综合讨论了对于自动驾驶实现至关重要的项目。文件中指出，"汽车自身以及汽车与驾驶人的关系，到今天为止的100年里发生了很大的变化。然而，今后10~20年将有可能发生比这100年以来更大的变化，当前美国正处于历史的转折点。"

NHTSA负责管辖Highway（意义比日本的"高速公路"更加广泛）的安全性提高及环境改善。此外，该文件对"虽是NHTSA的责任范围之外"的雇佣和投资等也有所提及（图1-1）。该提议虽如标题所示，仅给出了自动驾驶的初步定位，但对于关心自动驾驶的人士而言，文件原文仍包含着极其重要的内容，需细加研读。另外，该提议还明确了在自动驾驶定级及正式法规出台前，各州在进行公开路试时需如何应对的描述。

其次，NHTSA还明确了其自身的责任范围（图1-2）。

NHTSA的责任范围是，设定并执行车辆及其装备所对应的安全基准，以及汽车燃油消耗基准两项[2]。若要装载用于汽车自动驾驶的ICT（信息通信技术）装备[3]，也将在NHTSA的责任范围之内。

NHTSA在安全相关领域的目的是"减少车辆碰撞事故数以及由此造成的伤亡人数"。因此，NHTSA制定了关于自动驾驶安全基准的责任，并对此展开相关研究。文中明确指出，由于"汽车自动化技术"可能大幅减少碰撞事故中的伤亡人数，因此其开发及导入"值得期待"。作为该提案的前提，推进自动驾驶的意向得到了明确。

第1章 美国NHTSA关于自动驾驶的提议

成为紧急性特别高的提议

- 通过汽车实现"移动（Travel）"是历史性的转折点
  - ✓ 今后10~20年内，汽车与驾驶人的关系将发生根本性的转变，比到今天为止的100年里发生的变化还要大
- 视点：在高速道路上的安全性提高、环境改善、移动扩大、雇佣及投资相关的新经济效果

  在该认识的基础上有所行动是至关重要的

- 在美国，对"车辆的潜在能力/可能性"及"对车辆的期待"两方面将发生剧烈的变化

图1-1 NHTSA对公开道路测试的立场（一）

NHTSA的责任范围

- 以下内容的制定与实施：
  - ✓ 车辆及其装备的安全基准规章的制定与执行
  - ✓ 在Environmental Protection Agency（环保局）的协助下制定车辆燃油消耗规章

NHTSA安全相关项目的目的

- 减少汽车碰撞事故数以及由此造成的伤亡人数
  - ✓ 由于"汽车自动化技术"可能大幅减少碰撞事故中的伤亡人数，因此其开发及导入"值得期待"
- 根据NHTSA的研究以及经验的积累，决定是否对基于规则的最有效碰撞事故避免技术进行奖励并推进其导入
- 该提议对以下内容做出了规定：
  - ✓ NHTSA对自动化水平的定义
  - ✓ NHTSA的自动化研究项目概况
  - ✓ 对各州在公开路试及许可受理讨论时的推荐原则，尤其针对"无人驾驶（driverless vehicle operation）"

图1-2 NHTSA在安全上的职责及提议的目的（一）

深入理解 ICT与自动驾驶

法无禁止即可行？

在美国，一般如果没有法律明确规定的话，将被解释为"没有被禁止"，有在某种程度上直接实施新生事物的倾向。2013年5月，美国在法律上还未有"在公路上可以进行自动驾驶"的规定，也没有关于公路试验的管理制约。然而，许多州向NHTSA进行求助，希望为研发企业提供自动驾驶公路试验场所，并确保包括技术开发企业在内的各企业，进行公路试验的安全性。NHTSA通过与众多当事方进行商议，在事态初步明了的前提下，提出了NHTSA对于汽车自动化开发中主要安全事项的意见，并整理出了上述提案。

在日本，在法律给出规定前将被先判断为"大概不能实施吧？"然而在美国，如果法律未规定，则将被解读为"未被禁止"，但在实施时需承担"不给周边带来麻烦"的责任。NHTSA的提案秉承了上述逻辑，其中多次强调：公路试验车辆要将周边的道路使用者可能遭受的风险限制在最低范围内。

在ICT的开发上，日美间的差异在此得以展现。日本由于在意"政府是否允许？""法律上是否允许？"，从而变得行动迟缓。在美国，不仅是中小新兴企业，即使是大企业，都有"还未被决定的话，姑且先做起来"的倾向。

NHTSA要求：在法规制定完善前，文件中所记载的安全条例需得到遵守，根据各州的判断，在确保安全的同时对自动驾驶的公路试验进行管理。为此，鲁莽地、无规划地进行自动驾驶汽车公路试验是不可取的。现阶段，各州分别对试验车辆进行安全性确认，并向驾驶员颁发试验驾驶许可，是对自动驾驶试验进行风险确认、判断的原则。此外，NHTSA自身同时也在积极地参与可获取重要相关数据的车辆传感器、摄像头等对车辆自动化不可或缺的先进技术的调查研究（图1-3和图1-4）。

目前，作为NHTSA参与研究工作的一部分，对自动制动系统的有效性评价研究正在开展，与此相关的试验流程技术评价及安全性测算方法得到了 NHTSA 的开发。

今后，随着 NHTSA 的研究推进及经验值的提高，最具前景的"碰撞避免技术"将得到推荐，并可能通过法规进一步规定相关设备是否需得到强制安装。在当前技术开发的初期阶段，如果在州层面上对自动驾驶做出限制规定的话，反而会阻碍今后的技术进展。对此 NHTSA 明确表示不推荐[4]。此外，到目前为止的自动驾驶汽车公开道路运行，都被要求仅限于试验目的。

[4] 加利福尼亚州预计在 2016 年 1 月发布自动驾驶的消费者级的规则草案，有可能成为其他州的范例。http://www.mercurynews.com/news/ci_29027362/google-tesla-others-wait-for-dmvs-selfdriving-rules

NHTSA的现状认识

- 进行汽车自动化开发的多个公司的动向受到全美关注，多个州制订了在特定条件下允许实施自动驾驶的法律并鼓励自动驾驶汽车开发的动向
  - ✓ 许多州都在准备推进自动驾驶法律的制定
  - ✓ 有数家汽车企业发布信息称，将在今后的新车型上搭载某种类型的碰撞预防安全系统，未来将实现自动驾驶

NHTSA的涉及领域

- 积极地对能获取重要安全数据的车载传感器、摄像头等对于汽车自动化不可或缺的先进技术展开研究
  - ✓ 例如，为了对既已导入的、可实现避免或减轻碰撞的自动制动系统的有效性进行评价，作为相关研究的一环，开发了测试流程技术评价及安全性评价的方法
  - ✓ 与交通部门（Department of Transportation）及汽车企业一同，深度参与 V2V（车与车的联网）的开发及示范

图 1-3　NHTSA 在安全上的职责及提议的目的（二）

今后，在 NHTSA 定义自动驾驶的安全基准之前，在州层面对公路测试时应遵守的注意事项做出提示，这正是本次提议的目的。

深入理解 ICT与自动驾驶

该提议以协助各州安全导入自动驾驶技术并实现利益最大化为目的

- 由于与安全有关的混乱、无序会对自动化技术开发带来巨大阻碍，在此将NHTSA的指标进行了明示
  - ✓ 实际上，在进行最前端技术的试验时，一部分州和企业已经在询问NHTSA如何安全地在高速公路上进行测试了

当前的现状是，将自动驾驶的公开道路运行局限于试验目的

虽然在现阶段对"存在实现在所有行驶环境及道路状况下均可完全自动（或无人驾驶）、安全行驶的车辆的可能性"下结论还为时尚早，但NHTSA的研究计划包含了从"预警"到"无人驾驶"的所有自动化领域，并将在今后一直继续掌控其风险与收益

图1-4　NHTSA对公开道路测试的立场（二）

　　该提议虽然于2013年5月发布，但仅是暂定的，并非是绝对的、无法变更的。此外，并非一切均由NHTSA一家决定，而是期待有更多相关企业、团体的参与。提议中有类似"请大家陈述意见""如果有其他想法或者认为有错误的地方就请指出"等明确的描述。因此，该提议将会得到定期、灵活的更新。各种测量、试验的结果也将在今后的提议中得以反映。当自动驾驶实现时，相关规定将得到明确。然而，NHTSA强调在现阶段该提议绝非最终版本。

在"自动驾驶"之前，还有车辆的自动化

　　NHTSA将自动化定义为"不通过驾驶人的直接输入，自动执行安全所需的重要控制机能"（图1-5）。

自动化汽车"不通过驾驶人的直接输入就能自动执行安全所需的重要控制机能"

- "安全所需的重要控制机能"指的是以下操作：
  ✔ 转向
  ✔ 加速
  ✔ 制动

- 另一方面，对于仅给出"前方碰撞预警"等报警，而不实际执行控制机能的车辆不能被称为自动化车辆
  ✔ 然而，可以说为了实现预警功能，也在一定程度上应用了自动化技术

- 自动化车辆通过收集车载传感器、摄像头、GPS及通信设备信息，对行驶安全上的重要状况进行判断，在某种程度上对车辆进行控制
  ✔ 具备V2V通信技术却仅有预警功能的汽车，虽然不能被称为自动化汽车，却可以说也提供了重要的安全价值

图1-5　自动化的概要

当前，驾驶人的操控对象有转向盘（转向）、加速踏板（加速）、制动踏板（减速）三项。提议中还定义了"其他可操控对象"，但并未具体指明，因此，暂且认为就是指上述三项。除上述三项操作外，驾驶人还有观察车辆外部环境，确保车辆在安全状态下行驶的责任。

重要的是"控制"一词。即使对出现的危险发出警告，但到了最后关键时刻，还是由人来完成驾驶控制，该情形并不能称之为自动驾驶。

例如，荷兰Mobileye公司所开发的后置防碰撞辅助系统"Mobileye"在两三年前已得到了许多汽车企业使用。由于Mobileye自身从功能讲仅有预警作用，因此NHTSA将其作为非自动化产品的例子。从另一方面看，正是由于NHTSA对Mobileye的功能给予了很高的正式评价，才使得各汽车制造商对其产品青睐有加。

期待通过缓解交通拥堵节省能源

有说法指出,在实现自动驾驶之后,交通流也将达到最优化。由此,交通拥堵造成的不必要的发动机废气排放也将随之减少。废气的排放量与燃料的消耗量几乎成正比,由此自动驾驶也避免了不必要的能源浪费(图1-6)。

社会成本也将由此降低。诸如交通事故发生时的处理成本、事故受害者的生命损失及家庭感情负担、劳动时间的损失、医疗成本、公共财产、个人财产损失等,都将减少。若交通事故留下后遗症,还将给社会带来长期的负担,这在医疗成本中也需得到考虑(图1-6)。

通过V2V(即Vehicle-to-Vehicle,车与车间通信)、V2I(即Vehicle-to-Infrastructure,路与车间通信)可实现车辆安全、高效的行驶。能扩大数百万残疾人士的移动范围,这也是

"安全性(=NHTSA的责任)"以外的利益

- 降低能耗
  - ✓ 通过实现与交通状况相符的自动加速或减速,比普通驾驶人操控更有效地降低能耗
  - ✓ 大大减少交通事故,从而减少了由此引发的交通拥堵,以此降低能耗
  - ✓ 在燃料能耗降低的同时,温室气体的排放随之减少

- 交通事故的减少可节省每年数千亿美元的社会成本
  - ✓ 家庭情感负担、生命损失、医疗成本、劳动时间损失、公私财产损失

- 运用车车间通信及路车间通信实现更加安全有效的运行
  - ✓ 驾驶人或车辆自身能得到实时天气及交通信息,以实现更加智能的路径选择

- 如果基本的驾驶功能能够安全实现自动化,则规模达数百万的残疾人士的出行能力将得到提高

- 对许多产业而言,是技术革新及投资/就业增大的新机会

图1-6 NHTSA对公开道路测试的立场(三)

自动驾驶的优点。以美国为首,今后发达国家的老龄化问题将进一步加剧。作为年长者生存的命脉,为其提供便利的出行设备是不可或缺的。实现自动驾驶相关的研究,不仅给汽车产业,同时将给其他更多产业带来技术革新、投资/就业增大的全新机遇。这值得期待。

本次的提议是自2013年5月提出起算的四年计划。可以认为,在2017年或在此之前,自动驾驶相关的规则将得到明确。

1-2　NHTSA 的自动化水平定义

NHTSA 将自动化水平划分为 Level 0 到 Level 4。在本提议所涉及的阶段，即便 Level 4 很重要，但 NHTSA 明确指出"对于完全自动驾驶或无人驾驶，是否能够实现在任何行驶环境及交通状态下实现自动驾驶，在当前还不得而知"。为此，NHTSA 的态度是，使用 Level 2 及 Level 3 的汽车，在今后车辆自动化控制的持续发展过程中，对所有 Level 下的潜在风险与收益进行技术检验。NHTSA 进一步指出，在实现 Level 4 的过程中，对 Level 2 和 Level 3 的汽车进行积极的公开公路试验是非常重要的。通过积累碰撞等事故经验，吸取人为错误、机械错误、自动化程序错误等教训，明确为了实现自动驾驶必须解决何种问题。提议指出，将用四年时间研究上述课题，虽然 Level 4 暂未得到明确定义，但在 2017 年该定义可能得以明确。

Level 1 与 Level 2，以及 Level 2 与 Level 3 之间的明确差异

Level 0 是指没有任何自动化装置，无法实现任何自动化的状态（图1-7）。

驾驶人对转向、制动、加速这三项操作承担全部责任。Level 0 也包括能够针对前方碰撞、车道偏离、盲点等对驾驶人进行警告的车辆。虽然刮水器、前照灯等的自动操作也是自动化的，但只要是与转向、制动、加速等不相关的操作，就不是本书所说的自动化。

当转向、制动、加速三个当中有一个或一个以上实现了自动化控制，且彼此相互独立时，被定义为 Level 1 的自动化。当车辆在 Level 1 上运行时，驾驶人对驾驶承担全部责任。

与此相对，虽然 Level 2 的自动化对象与 Level 1 相同，但 Level 2 能够对转向、制动、加速这三种功能中的两种或以上进行协调（图1-8）。

第1章 美国NHTSA关于自动驾驶的提议

将车辆的自动化水平分为Level 0至Level 4

● Level 0：无自动化
  ✔ 驾驶人始终完全控制车辆行驶（制动、转向、加速）
  ✔ 驾驶人还需承担为安全驾驶所需的道路状况监视的责任
    • 即使车辆具备辅助转向、加速、制动操作的功能，如果不能代替驾驶人进行操作的话，则仍被定义为Level 0
    • 如果仅提供前方碰撞报警、车辆偏离报警、盲点等报警，以及刮水器、前照灯、转向灯、制动灯自动化等，则仍为Level 0

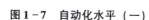
与车辆行驶无关的自动化

● Level 1：特定功能的自动化
  ✔ 转向、制动、加速当中有一个或以上的控制功能被自动化，且各功能相互独立
  ✔ 驾驶人可选择将有限的驾驶操作权限交由系统控制，但仍始终拥有最终控制权，并对安全驾驶承担全部责任
    例如：巡航控制、自动制动、车道保持等

图1-7 自动化水平（一）

将车辆的自动化水平分为Level 0至Level 4

● Level 2：各功能间的复合自动化
  ✔ 实现自动化的转向、制动、加速等控制功能中有两个或两个以上可相互协调运作
    • 在特定行驶条件下，当驾驶人将控制权交由系统时，驾驶人与控制系统共同拥有控制权
  ✔ 即使在该情况下，驾驶人仍拥有最终控制权、对安全行驶负全部责任，且不论发生何种情况都必须在没有提前预警（no advanced warning!）时即刻接管操作权
    • 例如：自适应巡航与车道保持的联动
    • Level 1与Level 2之间明确的差异是，在Level 2下驾驶人手离开转向盘、双脚不放在加速踏板和制动踏板上是被允许的

图1-8 自动化水平（二）

011

如果是转向、制动、加速三者均实现了自动化控制，那么各功能是相互独立还是相互协调是 Level 1 与 Level 2 的差异所在。车辆在 Level 2 上运行时，驾驶人同样需对驾驶承担全部责任。

无论是 Level 1 还是 Level 2，驾驶人需始终对车辆的控制负责。即使当本应自动化的功能无法运作、无法保护安全的事态发生时，自动化系统也可以没有提前预告就突然提出放弃控制。

在 Level 2 下，当人感到有驾驶安全风险时，人可接替系统进行控制。Level 2 与 Level 3 相比的重要差别是，Level 2 下的系统在"没有做出预警（原文为 no advanced warning）"时便可放弃控制。在这一点上，Level 2 与 Level 3 存在巨大差异。

从 Level 3 起，被定义为自动驾驶模式（图 1-9）

将车辆的自动化水平分为Level 0至Level 4

- **Level 3：半自动驾驶**
  - ✓ 在特定环境及交通状况下，驾驶员可将所有"为确保安全的重要控制功能"交由系统控制，且对状况变化的监视也可以交由车辆完成（自动驾驶模式）
  - ✓ 仅仅在自动驾驶模式遇到功能界限时，驾驶人才需要亲自进行驾驶操作，然而前提条件是系统拥有充足的时间将控制权交还驾驶员
    - Level 2与Level 3的明确差异是，在Level 3下，驾驶员没有时刻确认行驶安全的必要

- **Level 4：全自动驾驶**
  - ✓ 在行驶全程，所有的驾驶控制、周边监视工作全部交由车辆完成
  - ✓ 驾驶员只需在乘车时告知目的地
  - ✓ 无人驾驶也可被视为全自动驾驶
  - ✓ 自动驾驶车辆的控制系统对行驶安全承担全部责任

> 关于Level 4，需要怎样的技术、如何实现，本提议明确表示在目前还无法知晓。这需通过在2013年起的四年间，使用Level 2和Level 3车辆进行公开道路试验进行探索

图 1-9　自动化水平（三）

自动驾驶模式下,在特定的环境和行驶状态中,为了实现更高的驾驶安全,驾驶人可将重要的控制操作全部交由系统完成。然而,当出现自动驾驶无法应对的情况时,需遵循"系统需认识其自身能力界限"的规定。当超越系统能力界限时,系统不应徒劳地努力解决问题,而必须主动放弃控制并将操作权交还驾驶人。

然而,虽然系统放弃驾驶是被允许的,但在放弃之前,"有充足的时间将驾驶权交还驾驶人"是前提条件。相比于在 Level 2 可以"没有事先警告"就放弃控制,Level 3 则必须"有充足的时间"将驾驶权交还给驾驶人。Level 2 与 Level 3 更明确的差异是,在 Level 3 下,驾驶员没有时刻确认行驶安全的必要。在此首次出现了"驾驶员可以不承担行驶安全责任"的概念。

系统承担全责

到目前为止,对 Level 4 的定义仍非常模糊,仅指明了从行驶开始到结束的全程都由自动驾驶系统完成。驾驶控制与周边环境监视行驶全程均由系统完成,此即 Level 4。驾驶员只需在乘车时告知目的地。在当前定义下,无人驾驶汽车、无人出租车也被定义为 Level 4。

提议中明确指出"自动驾驶系统需承担全部责任"。虽然大家对该定义是否合理各持己见,但 NHTSA 认为,"既然责任不由驾驶员承担,那只能由系统[5]承担责任了"。

[5] 表现为 Automated Vehicle System(自动驾驶车辆系统)。

SAE(美国汽车工程师学会)还定义了 Level 5

图 1-10 对目前为止所述的自动化水平 Level 0 至 Level 4 进行简短概括。

深入理解 ICT与自动驾驶

NHTSA对自动化水平的定义（Level of Vehicle Automation）

- **Level 0：无自动化**
  - ✓ 始终由驾驶员进行驾驶操作（转向、制动、加速）
- **Level 1：特定功能的自动化**
  - ✓ 转向、制动、加速等功能中有一个或一个以上实现自动化并相互独立运作（无相互协调运作）
- **Level 2：复合功能的自动化**
  - ✓ 转向、制动、加速等被自动化的功能中有两个或者两个以上可相互协调运作
  - • 驾驶员可同时"脚离开加速踏板和制动踏板""手离开转向盘"
- **Level 3：半自动驾驶** （当前欧美日各公司的目标水平）
  - ✓ 仅仅在自动驾驶功能到达界限时才需要驾驶员亲自进行驾驶操作
  - • 届时，自动驾驶车辆需要有充裕的时间将驾驶权交还驾驶员
- **Level 4：全自动驾驶** （提议中指明2017年可能定义技术细节）
  - ✓ 驾驶控制、周边监视全部交给系统

图1-10　ICT对自动驾驶的支持

6 在原文中使用的是 Self-driving 这个单词，而在此前均以 Automation 一词表示自动化。

Level 0 不具备任何自动化。Level 1 是指转向、制动、加速三者独立实现自动化。近来的自动制动系统只具备单一功能，可被视为 Level 1。Level 2 可实现两个或两个以上的可相互协调运作的自动化功能。虽然将各功能实现自动化是相同的，这些功能是否可相互协调运作是 Level 1 与 Level 2 的区别。从 Level 3 开始是真正意义上的自动驾驶[6]。Level 3 是人类驾驶与自动驾驶状态的混合存在。而 Level 4 是汽车在所有领域对安全上的重要功能进行自动操作控制，并对行驶环境进行监视。

通过阅读原文，可容易找到 Level 1 与 Level 2 的不同之处（图1-11）。

若不能对 Level 2 原文中描述的"designed to work in unison"进行准确翻译，则无法知晓 Level 1 与 Level 2 的差别。Level 1 是"operate independently from each other"，即"相

NHTSA Defines 5 levels of Vehicle Automation

- Level 0: No-Automation
  - The driver is in complete and sole control of the primary vehicle controls (brake, steering, throttle, and motive power) at all times.
- Level 1: Function-specific Automation
  - Automation at this level involves one or more specific control functions.
  - If multiple functions are automated, they operate independently from each other
- Level 2: Combined Function Automation
  - This level involves automation of at least two primary control functions designed to work in unison to relieve the driver of control of those functions.
- Level 3: Limited Self-Driving Automation
  - The vehicle is designed to ensure safe operation during the automated driving mode but can determine when the system is no longer able to support automation and then signals to the driver to reengage in the driving task, providing the driver with an appropriate amount of transition time to safely regain manual control.
- Level 4: Full Self-Driving Automation
  - The vehicle is designed to perform all safety-critical driving functions and monitor roadway conditions for an entire trip.

图 1-11　NHTSA 的原文定义（2013 年 5 月）

互独立运作"，并且定义 Level 1 为 "there is no combination of vehicle control systems working in unison"。虽然其中的 "in unison" 较难翻译，但有两者以上的功能 "作为一个整体运作" 的意思，而这就是 Level 1 与 Level 2 的不同之处。

　　NHTSA 的定义发布于 2013 年 5 月，距今已有一段时间了。2014 年 1 月 SAE（美国汽车工程师学会）也发布了相应的定义[7]，该定义近来也常被使用（图 1-12）。

　　SAE 的定义中出现了 "Level 5"。这可以被认为是没有驾驶员的状态。在欧洲公布的定义中，也出现了与 Level 5 相近的等级。

[7] Taxonomy and Definitions for Terms Related to On-Road Motor Vehicle Automated Driving Systems.

深入理解 ICT与自动驾驶

Level	Name	Narrative Definition
Human driver monitors the driving environment		
0	No Automation	The full-time performance by the human driver of all aspects of the dynamic driving task, even when enhanced by warning or intervention systems
1	Driver Assistance	The driving mode-specific execution by a driver assistance system of either steering or acceleration/deceleration using information about the driving environment and with the expectation that the human driver perform all remaining aspects of the dynamic driving task
2	Partial Automation	The driving mode-specific execution by one or more driver assistance systems of both steering and acceleration/deceleration using information about the driving environment and with the expectation that the human driver performs all remaining aspects of the dynamic driving task
Automated driving system monitors the driving environment		
3	Conditional Automation	The driving mode-specific performance by an automated driving system of all aspects of the dynamic driving task with the expectation that the human driver will respond appropriately to a request to intervene
4	High Automation	The driving mode-specific performance by an automated driving system of all aspects of the dynamic driving task, even if a human driver does not respond appropriately to a request to intervene
5	Full Automation	The full-time performance by an automated driving system of all aspects of the dynamic driving task under all roadway and environmental conditions that can be managed by a human driver

图1-12　SAE给出的定义

注：来源于http://cyberlaw.stanford.edu/files/blogimages/Level sofDrivingAutomation.pdf，从中提取SAE international为Driving Automation下的定义。

日本生产的汽车早已达到了Level 2？

若仔细阅读NHTSA的分类，可知日本汽车在自动驾驶方面处于先进水平。以日产汽车为例，2001年1月发售的第4代"西玛（Cima）"上同时使用了雷达与摄像头，以便车辆在车道线内行驶时，对行驶方向、制动、加速进行了调整（图1-13）。

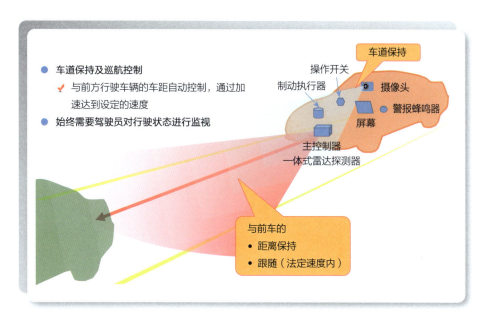

图 1-13　日产汽车实现 Level 2 的案例

注：1. NHTSA 将车道保持与 ACC（自适应巡航）的组合定义为 Level 2。
　　2. 来源：通过参考 http://www. nissan-global. com/JP/TECHNOLOGY/OVERVIEW/icc.html 后编制。

NHTSA 在 Level 2 的定义中，举了车道保持与 ACC（自适应巡航）相联动的例子。IHS Automotive 公司对各制造商能够在何时研发出何种程度的设备进行了整理。

根据 IHS 的资料，日产汽车于 2014 年达到 Level 2。但如前所示案例，是否可以认为日产早在 2001 年就已实现了 Level 2 呢？

美国谷歌公司的态度与其他公司有很大差别。谷歌不关注其他公司正在开展的 Level 1 ~ Level 3 研究，而将精力集中于 Level 4 与 Level 5 的开发上（表 1-1）。谷歌目前已完成了车辆自主改造、公开道路测试、数据收集并上传服务器这些工作。虽然试验车辆更容易引人注目，但是诸如如何对上传至服务器的数据进行分析、如何掌握环境及车辆行驶状态、如何编写行驶算法等研究对象则更应该成为焦点。

表1-1　各公司在自动驾驶领域的动向

OEM	宣传内容
奥迪	在2014CES（国际消费类电子产品展览会）上，宣称4~5年内可将交通堵塞辅助系统作为选装装备。在2015CES上，宣布完成旧金山至拉斯维加斯间的自动驾驶。2016年实现ACC性能提高。预计2020年实现Level 3
宝马	2014年实现高速公路堵车状态下的自动行驶，2015CES上展示了无人车辆漂移驾驶。预计2020年实现Level 3
梅赛德斯-奔驰	包含堵车及高速时实现车速调整及车道保持的Level 2汽车于2014年发售，可在时速200km以下得到应用。提出了三维地图对于Level 3实现的重要性。在2014年4月14日的东京媒体发布会上宣布将于2020年在高速公路上、2025年后在一般道路上实现自动驾驶。预计2020年实现Level 3
福特	阶段性地将部分的自动驾驶技术及车辆间预警系统运用于实车。计划于2025年后发售可完全实现自动驾驶的汽车（于2012世界移动通信大会MWC上宣布）。2017年实现TJA
通用	2012年4月宣布将于2017年发售在高速公路干线（高速区段）实现Level 3的自动驾驶车辆。宣称全速度区间的自动驾驶技术开发需五年时间。计划通过以下三个阶段对自动驾驶技术进行开发：第一阶段高速公路干线高速区段的自动驾驶；第二阶段高速公路全路段（包括出入口及收费站）的自动驾驶；第三阶段包括一般道路在内的几乎全部道路环境。预计2017年实现Level 3
特斯拉	Level 2于2014年、Level 3于2019年实现。2015年10月发布可实现供客户使用的半自动化驾驶的OTA软件升级。90%道路的Level 3预计于2019年实现
谷歌	最终目标是完全不需要人类驾驶介入的完全自动驾驶。与其说是在开发个人用车，不如说是在开发"构建更为便利的社会所需的工具"。目标是2017年实现Level 4，2020年实现Level 5？在2015年10月，共有基于雷克萨斯的Level 4车辆23辆、Level 5原型车25辆（其中Moutain View 40辆、Austin 8辆）正在进行路试。当前每周可在公共道路上行驶1~1.5万mile（1mile＝1.609km）。2009年起，自动行驶累计达1268108mile

注：1. 表中缩写定义如下：ACC，Auto Cruise Control；LKA，Lane Keeping Assist；TJA，Traffic Jam Automation；OTA，Over the Air；MWC，Mobile World Congress。
　　2. 来源：通过参考各公司的媒体发布及IHS收集的信息后编制而成。

1-3 NHTSA 的自动化研究项目

NHTSA 不仅对自动化进行了定义,还开展了自主研究(图 1-14)。

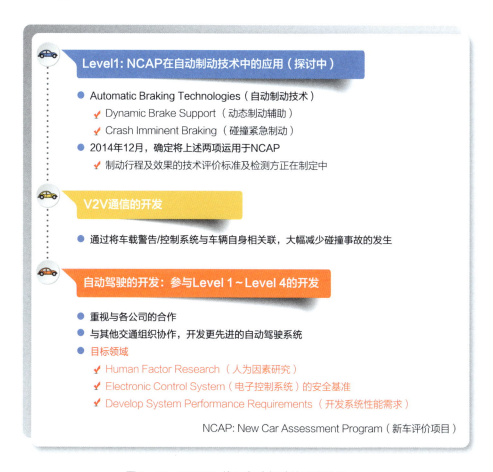

图 1-14 NHTSA 关于自动驾驶的研究计划(一)

自动制动技术

与 Level 1 相当的自动制动技术已得到实际应用。将其定义

为 NCAP 评价内容也是 NHTSA 的工作。当新车发布时，在美国由 NHTSA 实施对该车的安全性评估，五星为最高评价。该评价将被公布以供客户购车时参考。其目的是确保拥有高安全价值的新车能够在市场上获得更高销量、更好地占有市场。

自动制动分"Dynamic Brake Support（动态制动辅助）"和"Crash Imminent Braking（紧急碰撞制动）"两类，在2014年年末，这两项技术均获得 NHTSA 推荐。自动驾驶汽车的自动制动系统也同样获得推荐。

V2V 通信

以减少车辆碰撞事故为目的，NHTSA 对 V2V 通信也进行了研究。V2V 通信作为 Level 1～Level 4 的相关要素，主要对人为因素、人车交互、人体工程学等进行研究（图 1-15）。

自动驾驶

电子控制系统在此被定义为连接 ECU（电子控制装置）与计算机的系统。系统基于"验证技术"开发，计算机可以判断是否数据安全地流入了 ECU 及 CAN（Controller Area Network）总线中，系统是否能适当地实现对车辆的控制，是否可确保其可信赖性和安全性。特别是在关注功能安全（Functional Safety）相关要素的同时，进一步将自诊断、预防诊断，特别是防错功能等潜在的信赖性相关要素定义作为关注的焦点。以此对安全相关的重要电子控制系统标准进行定义。这正是 NHTSA 当前所希望实现的。

与电子控制系统相关的服务器安全研究也在进行。研究内容涵盖对服务器攻击的防御能力、风险分析和系统表现、通信系统、汽车重要子系统的安全保障、通信模块的安全保

第1章 美国NHTSA关于自动驾驶的提议

人为因素研究（2013年后的两年内实施）

- ✓ 主要以Level 2及Level 3为研究对象
- ● Driver-vehicle Interface（DVI，驾驶员-车辆界面）的开发
  - ✓ <u>使驾驶员能够安全地从自动驾驶模式到非自动驾驶模式的过渡成为可能</u>
  - ✓ 将安全行驶的相关信息有效通知驾驶员的方法及其评价
  - ✓ 由于对驾驶员而言与当前的汽车驾驶有较大的感觉差异，因此对驾驶员要进行必要的培训
  - ✓ 确认人车间对汽车控制的合理分工
    - • 人车间对操作与控制的分工
    - • 人到车以及车到人的控制权的合理过渡方法
    - • 驾驶员需要始终或在必要场合代替自动驾驶系统接管汽车控制权的必要性评价
  - ✓ 决定驾驶员接受度的因素
    - • 报警的频率、警告对驾驶员造成的困扰程度、系统的可用性、可靠性
  - ✓ 自动驾驶相关培训的必要性
  - ✓ 为测算驾驶员与系统表现的工具开发
  - ✓ 有效地从自动驾驶模式转换到人驾驶模式的战略（Hand-off战略）

Electronic Control System（ECS,电子控制系统)的安全性（2013年后的3～4年内实施）

- ✓ 与各Level均相关
- ● 对于安全的可信赖性
  - ✓ 对于ECS的功能安全定义
  - ✓ 故障模式及其严重性的定义
  - ✓ 故障率的评定
  - ✓ 自我诊断与预先诊断的必要性与实现性评价，并探讨如何将功能劣化的可能性转达给驾驶员
  - ✓ 硬件、软件、数据通信、基础设施等的冗余必要性评价
  - ✓ 对发生故障时系统劣化后的动作能力进行评估
  - ✓ 对包含车载软件的系统在导入及转移时的认证必要性及流程的探讨
- ● 关于网络安全的以下研究
  - ✓ 对服务器攻击的防御能力
  - ✓ 风险分析
  - ✓ 系统性能（性能评测）
  - ✓ 网络安全对系统性能的影响
  - ✓ 评价通信系统等汽车重要子系统安全性的验证方法

图1-15 NHTSA关于自动驾驶的研究计划（二）

障。如果今后增加以太网等应用后，来自传感器的高速数据将源源不断地传输至系统，这类子系统的安全性保障也应得到涵盖。

不难想到，自动驾驶汽车，或更准确地说自动驾驶系统将成为网络攻击的对象。对此需进行相当慎重的讨论。

在 Level 3 下车辆放弃驾驶操作的方式

进一步需要制定系统何时可以放弃自动驾驶、何时不能放弃自动驾驶的标准。这个标准或许也因车辆的技术水平而异。例如，当判断车道线是否可识别时，需制定类似"当车道线的反射系数达到该程度时，该车就放弃驾驶操作"的判断标准。

在 Level 3 下，若汽车放弃驾驶操作，则驾驶权将会交还给驾驶员。对此 NHTSA 对 Level 2 及 Level 3 系统中的人为因素进行了研究。驾驶员在面对这样的自动功能时，"会怎样反应，怎样行动？"此外，"驾驶员能否快速且安全地在自动驾驶与非自动驾驶模式间切换？"此类 DVI（Driver Vehicle Interface，驾驶员－车辆界面）的相关问题在其中进行了探讨。

从 Level 2 到 Level 3、Level 4，从低自动化水平开始不断积累

对 Level 2 及 Level 3 车辆的常规数据与碰撞时的数据进行对比、分析，以此提炼出自动驾驶汽车的潜在技术要素（图 1－16）。

通过细致分析各类使用案例后，对最大减速度、最大加速度、侧倾、横摆角速度等参数处于何种数据范围内能确保车辆安全行驶进行研究。通过必要的数据定义，并将此作为判定系统是否合格的标准。若 Level 3 的车辆上市后，可将其用于对 Level 4 车辆技术要素的提炼。然而，由于当前市场上 Level 2 的车辆还很少，Level 3 的车辆几乎不存在，因此对于系统性能

需求的定义将主要基于如前所述的人为因素及电子控制系统的研究结果。

系统性能需求调研（2013年后的四年内实施）

✔ 以Level2、Level3、Level4为对象
✔ 对各Level的使用案例及安全性能相关的潜在技术条件进行提炼，并将其标准化
✔ 重点探讨项目进行提炼，并将其标准化
  - 为探讨在真实环境下的情形，<u>对Level 2和Level 3汽车的常规数据及碰撞数据进行分析</u>
  - Level 2及Level 3下的约束条件及性能评价，约束条件包括道路状况/交通状况的变化、驾驶员的驾驶能力、周围环境（雨、雪等）的变化
  - 测试与评价方法的开发
  - 对Level 2和Level 3性能极限的定义（自动驾驶时的最大减速度/加速度、侧倾极限、最大横摆角速度等）
  - 对各个自动功能的ECS（电子控制系统）故障模式的理解
  - 静止/动态环境下故障点的判定
  - 性能目标与合格标准的设定
✔ 首先，使用Level 2车辆分析Level 3可能存在的问题，再利用Level 3车辆分析、提炼对Level 4的技术要求

图1-16　NHTSA关于自动驾驶的研究计划（三）

1-4 无人驾驶公开道路试验及牌照颁发的推荐原则

自动驾驶测试是由各州各自负责进行的。现状是,由于NHTSA对技术和人为因素等的讨论还未结束,因此提议的内容存在变通性。另外,NHTSA向各州政府明确指出,由于目前自动驾驶技术尚未固定不变,过早的规则制定尽管可能提高安全性,但同时可能对自动驾驶技术的发展造成限制(图1-17)。

在美国,是以县(county)为级别颁发驾驶执照的。警察与消防、救护的地域性划定也是以县为单位进行管辖的。对交通安全的维护则是在比县大一级的州级层面进行的。今后,自

对Level 3、Level 4的推荐原则

- 本次提议是在技术及人为因素尚未固定不变,存在变通性的现状下提出的
  - ✓ 为了鼓励自动驾驶技术的安全开发及导入,提出公开道路的牌照颁发、测试、运行的法律、法规制定上的推荐方案
    - 牌照颁发、驾驶员训练、与车辆种类对应的运行条件确定等,应当在州级层面进行
    - 然而,对于当前州级层面对自动驾驶车辆的安全性法规,NHTSA持有很大的顾虑,当前并不推荐州级层面许可自动驾驶车辆用于测试以外目的
  - ✓ 本次推荐原则的前提是,确保实施自动驾驶试验的企业及组织所雇佣的驾驶员及代理机构不将自动驾驶车辆用于试验以外的目的
    - NHTSA认识到,可实现Level 4的技术尚不存在,而Level 3相关的开发也处于非常早期的状态
    - NHTSA断定,关于车辆安全需制定国家层面的标准,未完善的法规有阻碍安全相关技术进步的风险
    - NHTSA期待自动驾驶上的创新将为当前的道路交通带来革新,并确信Level 3的开发及其测试将对自动驾驶的技术开发及人为因素的疑问做出解答

图1-17 对于州级层面行动的推荐原则

动驾驶车辆的行驶许可证颁发、驾驶员是否需要提前接受训练、自动驾驶车辆的允许行驶的路段等，是由州级层面决定的（图1-18）。

确认驾驶员了解自动驾驶车辆的运行方法

- 颁发自动驾驶车辆的驾驶许可证
- 取得许可证的前提条件设定
  ✔ 例如，需出示汽车企业（或其指定代理机构）训练课程结课证书，以及安全行驶考试合格证书，或是汽车企业（或其指定代理机构）开具的具备超过最低要求时间的行驶经验的证明材料
    • 此处的汽车企业也包含将普通车辆改造成自动驾驶车辆的企业
  ✔ 在实施训练课程前要将其内容申报至州政府
  ✔ 训练课程应包含以下内容
    • 对自动驾驶车辆基本运行方法的理解
    • 当自动驾驶车辆无法自动行驶时的应对方法等相关知识

图1-18　关于颁发行驶测试用许可证的推荐原则

另外，NHTSA虽然建议当前任何自动驾驶车辆除了测试目的外，不可在公开道路上行驶，但强调了将鼓励自动驾驶技术的革新，并期待自动驾驶将迟早使当前道路交通焕然一新的可能性。NHTSA明确强调，Level 3的车辆开发及其公开道路测试，将对技术、人为因素等许多课题做出解答。

此外，本次提议所讨论内容的大前提是，确保实施自动驾驶试验的企业及组织所雇佣的驾驶员及代理不将自动驾驶车辆用于试验以外的目的。

另外值得关注的是，建议中出现了"组织体"一词。虽然汽车企业生产汽车并以商用化为目标进行测试是基本模式，但今后将出现类似机器人出租车（Robot Taxi）等服务业从业者以及对自动驾驶进行评价、测试的第三方评价机构。从NHTSA提议中可以看出，上述机构也可能成为除汽车公司以外的公开

道路测试的主体。

如前所述，进行自动驾驶车辆的行驶测试时，必须将其对一般行驶车辆造成的风险最小化（图1-19）。

行驶测试必须将其对一般行驶车辆造成的风险最小化

- 为了将对一般行驶车辆造成的风险最小化，任何对自动驾驶车辆的行驶测试进行法规化的州都需要制定以下规定
  - ✓ 申请自动驾驶车辆路试许可证的行驶测试实施方，需要确认作为测试实施对象的自动驾驶车辆在自动驾驶模式下无事故行驶的相应里程数
  - ✓ 要求行驶测试实施方提交关于其所用技术相关的现存测试数据
  - ✓ 要求行驶测试实施方提交如何将对一般行驶车辆造成的风险最小化的实施计划书
    - 此实施计划书中需要包括：测试驾驶员的训练内容、商用化前自动驾驶汽车的防错设计的内容、将对一般行驶车辆造成的风险最小化的测试计划概要
  - ✓ NHTSA推荐州政府规定，自动驾驶车辆以自动驾驶模式在公路上行驶时，取得许可证的驾驶员必须稳妥地坐在驾驶座上，且处于可以控制车辆的状态

图1-19　关于行驶测试管理法规的推荐原则（一）

并不是说不允许发生事故

发生事故时，NHTSA要求将可能获取的所有测试数据全部提交。相反，并没有说在公开道路测试中"不允许发生事故"。提议始终强调事故数据分析的重要性，这正以有事故发生为前提。若无事故，则事故发生时的问题原因及其解决方法也无从谈起。NHTSA推荐各州规定，事故发生后将相关数据的完善提交作为义务（图1-20）。

阅读NHTSA的推荐原则，对今后参与公开道路试验的相关方都具有参考意义。在与作为交涉对象的当地警方、政府一同确定公路测试形态时，该原则也可作为参考（图1-21、图1-22）。

行驶测试需限定在与被测自动驾驶车辆相称的车道、交通状态、环境条件下进行

- 作为测试计划的一部分，自动驾驶车辆制造商应告知州政府测试所需要的行驶条件
- 制造商应提交能证明该车辆在限定范围内，通过驾驶员操作能够实现自动行驶的测试数据及相关信息
- 推荐州政府对自动驾驶模式下的行驶测试条件设置适当的限制
- 在管理自动驾驶汽车路试的规定中，可以根据自动驾驶车辆的开发目的及测试内容对测试允许行驶区域进行限制

在测试期间，将自动驾驶技术性能的上报义务化

- 为了支持自动驾驶汽车开发并扩大其数据收集量，推荐州政府要求行驶测试实施方尤其要提交以下信息
  - ✓ 行驶中，从自动驾驶切换至驾驶员驾驶模式的时间段内所发生的碰撞事故，或是与碰撞事故类似的情形
  - ✓ 车辆由于自动驾驶系统的故障或特定条件下的状态不佳而从自动驾驶模式将操作权交还驾驶员的事例

图1-20　关于行驶测试管理法规的推荐原则（二）

NHTSA不推荐州政府独自对当前发展迅猛且各类技术林立的自动驾驶设立安全标准

但是，在NHTSA最终制定出安全标准之前，希望各州能遵守以下一定程度上的基本原则：

- 需确保自动驾驶模式到驾驶员操作模式切换时能安全、简单而快速地完成
  - ✓ 在自动驾驶车辆测试期间，当自动驾驶功能出现障碍或出现预想外的行为时，为了不将风险牵连到其他一般车辆，驾驶员必须熟知该特定自动驾驶汽车自动化系统并能立即回避危险
  - ✓ 为了保证驾驶员能立即重新取得操作控制权，可考虑将类似在驾驶员手可触及的范围内设置按钮等相对简单而不会被驾驶员混淆的方法，并将其进行法规化定义
  - ✓ 也可考虑通过踩制动踏板、踩加速踏板、操作转向盘等方式将驾驶操作权交还驾驶员
  - ✓ 自动化系统根据道路状态、环境状况、各种故障等将驾驶操作权交还给驾驶员时，自动驾驶车辆应发出警报

图1-21　关于自动驾驶汽车运行试验的推荐原则（一）

- 自动驾驶试验车辆，必须具备在自动化系统发生故障时能发现、记录并向驾驶员报告故障的功能
  - 驾驶员可再次有效获得车辆控制权的相关报告
  - 通过记录可掌握故障发生的原因
- 必须确保自动驾驶技术的设备安装及运行试验不能与联邦政府所要求的安全规则及体系相违背
  - 联邦政府禁止汽车制造、销售、修理企业违反联邦政府所要求的安全体系规定。自动驾驶技术的设备安装不能使联邦政府所要求的安全体系或车辆的安全性等级降低
  - 各州政府应展开讨论，对自动驾驶运行试验实施方在本州内进行车辆测试的要求进行定义
- 自动驾驶汽车对碰撞及失控时自动化控制技术的相关信息进行记录
  - 当发生碰撞或车辆失控时，自动驾驶汽车必须对传感器数据及监控仪、自动驾驶性能诊断仪等收集的相关信息进行记录。特别是，当发生碰撞时，车辆是否还受自动驾驶系统控制是很重要的信息
  - 自动驾驶运行试验认可的规则制定，需在确保自动驾驶汽车所有者将碰撞时记录到的所有数据向州政府公开的基础上进行讨论
- NHTSA不推荐州政府将自动驾驶试验车用于运行试验以外的目的
  - NHTSA认为在自动驾驶车辆广泛流通前，还存在许多技术及人机操作等必须得到解决的课题
  - 自动驾驶技术尚待成熟，其安全机能也未得到证实。对自动驾驶车辆的使用必须得到正式认可
- 如果州政府许可自动驾驶车辆用于试验以外的目的，那么州政府至少必须确保拥有适当驾照的驾驶员需坐在驾驶座上，以防自动驾驶系统无法安全控制车辆等情况下的意外，确保车辆时刻处于可安全运行的状态
- 随着自动驾驶领域的革新进步，当自动驾驶技术相当成熟时，将对本原则当前的立场进行修订

图1-22 关于自动驾驶汽车运行试验的推荐原则（二）

当然，自动驾驶开发者自行进行公路测试，其范围的扩大也是有极限的。根据谷歌公司发布的信息[8]，该公司在2015年10月在公开道路上的自动行驶里程达到每周1~1.5万英里。这明显是以拥有众多的测试驾驶员为前提的。

[8] http://static.googleusercontent.com/media/www.google.com/ja//selfdrivingcar/files/reports/report-1015.pdf.

1-5　人为因素研究的重要性（对 NHTSA 资料的补充）

为实现安全的自动驾驶，有必要对人为因素进行考察。在系统与人的接点会由于人的"过信""不信""状态认识丧失"而出现错误（图 1-23）。

其中"过信"是无视自动驾驶装置已处于无法运行的状态，认为系统"肯定可以运行""肯定能避免事故"，在该状态下持续行驶而导致的事故。

系统与人的关系

- 系统与人的接点
  无论系统多么可靠，必须对包含人在内的整体系统输出加以综合考虑
- 过信、不信、状态认识丧失
  人无法对多个装置的操作完全运用自如
  由于人的各类误解、误使用，系统效果将发生变化

  ✓ 过信
  - 即使自动驾驶装置已处于无法运作的状态，也认为装置将自行运作，事故肯定能避免

  ✓ 状态认识丧失
  - 当交由自动驾驶装置控制时，本应特意关注车外情况，却不进行关注，即使不观察，也认为情况良好
  - 不理解车辆周边的危险情形，无法对危险做出预测，无法察觉到突然出现的危险

  ✓ 不信
  - 由于是新装置而得不到信任，甚至不被使用
  - 特别在新技术的运用初期，由于出现与预想不符的操作，或实际发生了误感知、误操作时，可能会产生对新技术的不信任感
  - 在这种情况下，即使系统能正确感知风险，也会被认为"肯定是哪里出错了"，系统正在自行持续进行某种危险的操作

图 1-23　对人为因素的考察（一）

其次为"不信"。一般来说，如果并非十分必要的话，不会使用新的装置。此时，哪怕之前仅经历过一次"新装置初期出现过问题"的情况，即使系统正常运行，也会产生类似"大概出错了吧"的顾虑，致使对即使装备了高级驾驶辅助或自动驾驶功能的车辆仍会产生自发的危险驾驶而感到担忧。"（系统）在对什么发出警告，一定是运行出错的警告吧"，如果车辆运行时持续产生此类想法的话，人将无法做出适当的行为。这是人对自动化产生"不信感"的一个特例。

"状态认识丧失"是指将车辆交由自动驾驶系统后放任其自由发挥，习惯了系统的自动驾驶。若始终处于该状态，将难以意识到突然出现的危险。而对于定义了"在充足的时间内返回人工驾驶"条件的 Level 3 来说，如何把握这种状况是重要的课题。

对"充足的时间"的解释差异

在欧美有这样的观点：在自动驾驶状态下看电视、睡觉的驾驶员重新接管车辆需要 1~2min。如果在数秒~数十秒内[9]就需要驾驶员对自动驾驶汽车完成接管的话，则无法让人安心乘坐自动驾驶车辆。对处于与"过信"相同的状态下，完全不关注车辆运行状态的乘客来说，也许确实需要在 1~2min 前明确发出"请准备接管车辆"的告知。

当车辆告知了"当前状态是这样的""此后状况发生了这样的变化""接下来该怎么办""在这种状态下无法进行自动驾驶"等信息后，驾驶员对此应该如何应对？考虑到这些情况，对于身心完全脱离驾驶状态的驾驶员而言，也许确实"需要两分钟时间的准备以冷静应对"。

机器优先？人优先？

系统和人的优先级基准如何定义，对于人为因素的考察来

[9] 按照 Virginia Tech Transportation Institute 的报告，半自动系统车辆实现驾驶接管需要 5~8s。按照 NHTSA 的调查，接管时间因自动化水平及报警的强弱而异，平均需要 17s。

说是个重要的问题。飞机的自动驾驶，即自动操纵系统的开发历史是一个很好的例子，对此已展开广泛讨论，并引发了各类问题。对于车辆自动化系统与人的关系如何定义而言，这虽然或许不够，但仍不失为重要的参考。

1988年，空中客车A320在航展上试飞时曾发生重大事故（图1-24）。

在地面大量观众的注目下，A320搭载乘客进行持续低空飞行，并最终坠入森林。

系统与人的优先权

- 不仅需考虑自动驾驶系统如何对事故进行预防，该功能如何被驾驶员接受也必须得到考虑
- 系统与人做出相互矛盾的指示时，将如何处理？
  系统是否应强制阻止驾驶员有意图的违反操作？
  ✓ 关于空客A300系列系统优先权设定的问题 → 空客公司做出设计变更
    • 将系统的判断优先化，驾驶员无法简单阻止系统做出的安全维持判断
    • 1988年法国空客（A320）试飞，在有意进行超低空飞行（约9m）时，系统判断为进入着陆状态，并无视机长的上升操作，导致飞机坠落于机场附近的森林中
    • 1994年名古屋机场（小牧），中华航空A300-600R在ILS进场时，错误开启复飞模式。在经历着陆（机长）和上升（系统）的相反操作后，飞机失速并在跑道东侧坠落

考虑到人为因素的系统设计

- 是在即将发生前防止事故，还是将事故防患于未然？
  当系统完美运行时，来自驾驶员的未知因素及危险的风险识别及安全运行意识可能将不被关注
  ✓ 针对新系统的交通安全教育体系化
    • Level3和Level4的差异

图1-24　对人为因素的考察（二）

A320 是以自动驾驶为卖点的飞机，试飞时的超低空飞行距离地面高度仅 9m。虽然是驾驶员有意图的操作，系统却判断为"进入着陆状态"，无视了机长的上升操作，未上抬机首而直接坠入了机场周边的森林中。

1994 年，中华航空"空中客车 A300-600R"即将降落名古屋机场。在通过 ILS（仪表着陆系统）进行下降途中，操纵飞机的副机长错误激活了自动操纵装置的复飞模式。复飞模式是用于实现重新着陆的。

虽然机长像往常一样，在着陆前给出了复飞解除指示，但实际并未解除，副机长仍将复飞模式处于激活状态，系统开始了上升操作。然后副机长却用尽全力持续进行机首下降操作，系统为了上升加大了发动机的功率输出。此后，机长将操纵杆复位以期实现重新着陆，由于自动操作装置的操作导致机首上翘，机首上翘角急剧上升至最大 53°，最终导致飞机失速坠落。

也存在人犯错误的可能性

当人与系统发出相反指令时，需要进行控制逻辑判断。飞机在自动驾驶中，以上问题可以通过类似波音公司的观点"在迫不得已时，人的强制行动具有优先权"而暂时得到解决。

然而对于自动驾驶而言，系统优先还是驾驶员的判断优先是个困难的问题。在即将碰撞时，人也许会由于恐惧而将转向盘转向其他方向。也可能虽然恐惧却忍着，认为还是由系统控制为好。然而系统也可能存在错误。类似以上问题，人和系统的优先级如何决定，必须在今后通过非常慎重的研究，基于模拟以及实车验证得出。

在设计包含人的系统时，防止即将发生的事故，还是将事故防患于未然，也是一个重要的问题。对于防止即将发生的事故而言，当然指的是眼前的可见环境。对于汽车而言，最后的 1~3s 需要通过使用雷达、LiDAR 或摄像机，由系统对现场进行自行认知判断，没有充裕的时间通过通信检索云端数据，必须做出类似小脑条件反射似的回避行动，不管存在碰撞可能的物体是什么，在自身的运动中掌握与之的相对位置关系及相对速度。如果系统能在 100ms 左右[10] 或者更短时间内规划出避免碰撞的运行路线，采取回避行动的话，比人的判断、行动更快地采取回避行为的话，这将很可能避免碰撞，或即使碰撞也将损失程度最小化。

[10] 百米赛跑时，据称从发令枪响到腿部肌肉开始活动需要 120ms。

另一方面，为了将事故防患于未然，必须通过获取非直接可见环境的信息进行自动驾驶规划。虽然通过摄像头、雷达、LiDAR 的技术突破获得尽可能远的信息也可以获取些许帮助，但是摄像头、雷达、LiDAR 能精准把握的范围最多为 100～200m，或者由于有遮挡而无法感知前方。该情况下，即使人在驾驶时也无法获取充分的信息。当然，人是仅仅通过在视线所及范围内获取的信息进行驾驶，将视线所及范围换算成时间，即使按最长距离 200m 计算，当速度 36km/h 时反应时间为 20s、72km/h 时为 10s、120km/h 时为 6s、200km/h 时为 3.6s。如果传感器仅能感知前方 100m 环境的话，则反应时间仅有上述时间的一半。

这带来了现实且迫切的问题，特别对于在德国高速公路（Autobahn）上预期实现自动驾驶的德系车而言。在车辆行驶 3.6s 后将到达位置的车道线褪色了，或者由于施工车道数减少了，即使自动驾驶车辆感知到了，自动驾驶系统突然将操控权交还驾驶员，驾驶员要安全地、时间充裕地返回驾驶状态是几乎不可能的。在一般道路上，以 200km/h 行驶是不可能的，因此当前仅在高速道路的条件范围内讨论解决方法是合适的。

作为结论，超出 200m 外前方的状况认知可参考《深入理解 ICT 与未来汽车：网联汽车》中说明的 Vehicle IoT，通过在服务器上分析之前行驶车辆的传感器数据，动态更新三维地图实现[11]。

[11] 适用于 V2V 及 V2I，Pair-to-pair 的通信同样是讨论的对象。

当然，地图上只会显示车辆必要运行时间间隔（1～2h）内几乎不发生变化的不动体。例如车道线，由于需要经过数月后才褪色，车辆从出发到到达的 1~2h 内几乎不发生变化，因此可以认为是不动体。因此对地图的更新只需要在车辆出发时进行差分更新就足够了，不需要在运行中在云端对现状进行逐一的询问确认。

Level 3 和 Level 4 间存在巨大差异

Level 3 和 Level 4 间存在巨大的差异，Level 4 基本不允许人进行驾驶。特别是对最近定义的 Level 5，即无人驾驶而言更是如此。需要从不允许人进行驾驶的观点出发对系统架构及必要功能做出决策。

对于 Level 3，从在特定情况下系统放弃操纵并将驾驶权交还人的定义来看，存在机器和人的权限交接、系统与人在指令矛盾时的处理、相互间在何种程度上相互包容、如何相互告知等系统和人之间的难题。

作为实现 Level 3 的要素，需进行人为因素调查（图 1-25）。

实现Level 3所需的要素（对之前Level 3领域的补充）

- "人为因素的研究1"
  ✓ 在达到自动驾驶系统的极限前，如何安全有效地将当前状况告知驾驶员并转交控制权（驾驶员车辆交互）

Level3/Level4的共通要素

- 高度的系统融合技术及传感器技术
- 功能安全（主要是车辆自动行驶技术）
  ✓ 对于各自动化功能确定"失效点"的技术
  ✓ Level3/Level4各自极限值的确定
    • 电子控制时的最大加速度、最大减速度、横向加速度、横摆力矩、滑移率、ABS操作等
  ✓ 失效保护、预防诊断、故障修复过程诊断等装置在车上的安装
  ✓ 性能试验设计、是否达到判定标准确定
  ✓ 满足ISO26262、ASIL要求
- 事故责任的再定义，道路交通法、道路运输车辆法的修订

图 1-25 Level 3 和 Level 4 的开发要素

针对 Level 3，在达到自动驾驶界限之前，如何将车辆状况安全、有效地告知驾驶员，这被定义为人车交互。另一方面，Level 4 的难点是如何在车辆运行中排除人为介入。人与系统间不需要对主导权进行分配，是其与 Level 3 间的巨大差异。系统融合技术以及传感器性能提高两者缺一不可，这是 Level 3 和 Level 4 的共通要素。虽然各种技术融合、功能安全性以及网络安全性必要等级对于实现人为零介入来说是困难的，但根据使用条件及车辆运行环境的不同，实现的难易度也存在差异。

尽早采取不激烈的操作动作

在何种情况下自动驾驶将超出可实现的范围，对此需严格定义阈值，在运行中对此进行持续评价。由于 Level 4 不允许将操纵权交还驾驶员，Level 3 和 Level 4 的阈值也存在差异。作为共通参数选出的是最大加速度、最大减速度、最大横向加速度、横摆力矩、滑移量、ABS（制动防抱死系统）操作等。此外，在无乘员的情况下，为了避免碰撞而通过极端驾驶脱离危险在某种程度上是简单的，但当有人乘坐时，将"不让人感到恐惧""不让人难受"，甚至"避免出现颈部冲击"等作为参数进行阈值设定是需要重点讨论的课题。在万不得已的情况下，如存在碰撞风险，或有生命危险时，即使采用极端驾驶也需加以避让。即使感到不舒服、有某种程度的受伤，但至少能确保性命无忧，需要将系统对以上可能的选择判断也加入讨论范围中。

系统可靠性也是必须得到确保的。针对汽车性能安全的标准 ISO26262 中定义了 ASIL（汽车安全完整性等级），并将其划分为 A、B、C、D 四个等级。最终希望系统达到最高等级 D。最新的观点是，即使某些部件的等级只有 B 或 C，但系统整合后达到 D 即可。例如，装备三个相同部件，如果其中两个的输出相同的话即可采用。和功能安全相同，网络安全也是至关重要的。

NHTSA 如是说

对事故责任进行再定义是有必要的。在 NHTSA 的定义中有"车辆的安全运行全权交由'自动驾驶车辆系统'"负责的描述。但是，类似为了避免事故系统如何决策，对结果的伦理性评价以及决策根据等，此外，由于深度学习等人工智能的决策过程不透明而将控制权交给系统的合理性，以及当系统被非法用于恐怖活动时应如何应对等问题必须得到深入思考。以上问题目前仍待讨论，暂时无法达成共识。

首先，需要面对的是道路交通法规的问题。当前阶段，基于日内瓦条约及维也纳条约，基本定义了"人对车辆的安全负最终责任"的规定。在当前状况下，若要让自动驾驶系统承担责任，则必须对法规进行修改。为了实现无人出租车的运营，同样需要对相关交通法规进行重新定义。

作为实现 Level 4 的重要因素，必须在人为因素研究以及在"认识、理解、判断"的信息处理技术精度上取得突破性的提高，同时需要解决 Level 4 固有的网络安全、隐私保护等问题（图 1-26）。

特意设计人无法操作的车辆？

对于 Level 3 而言，需要通过系统对主导控制权是在人还是在系统进行持续的识别判断。在人乘坐自动驾驶车辆时，要求人始终集中注意力是不现实的，如果人的注意力始终集中，则这本身就违反了"人不介入驾驶"的自动驾驶定义。与之相对，Level 4 或 Level 5 不需要对人和机器的主导权、操纵切换等问题进行讨论，最多就是在最坏的情况下使用紧急停止按钮的程度了。否则，"将控制交由人"与 Level 4 及 Level 5 的存在本身就是矛盾的。

第1章 美国NHTSA关于自动驾驶的提议

实现Level 4所需的要素

- "人为因素的研究2"
  - ✔ 不让人参与驾驶的研究（无须讨论人与系统的主导控制权）
    - 人的操作反而可能导致事故发生
    - 无转向盘、加速踏板、制动踏板时的操作方法

- "认识、理解、判断"的信息处理技术在精度上取得飞跃性的提高
  - ✔ 在真实环境下尽可能多对Level 4场景进行设定/研究
    - Level 2/Level 3下的传感器数据及行驶数据（包括故障、碰撞）的收集
    - Level 2/Level 3的系统极限/局限分析
  - ✔ 在此基础上进行模式识别及状况学习/判断的算法开发
    - 能服从实际交通系统、交通管制的算法
    - 能适应道路状况、交通状况、天气（雨、雪）、黑夜等环境变化的算法
  - ✔ 在试验过程中收集大量数据，对云计算等高效的大数据处理方法进行讨论
- 解决Level 4导入时的网络安全、个人隐私等问题

图1-26 Level 3 与 Level 4 的差异

如果达到 Level 4 或 Level 5，则人参与驾驶反而可能导致事故。这是一个重要的立场。由此，如果不让人驾驶车辆，那么转向、加速、制动等装置就不需要了。谷歌公司等已在研发无转向、加速、制动等装置的车辆，并开发了其行驶算法。

然而，即使在高速公路上以 200km/h 行驶或顺畅通行于市内交通路口的 Level 4 和 Level 5 在造价不菲的高端车型上可能实现，在低价走量的车型上实现则可能仍是遥遥无期的。但在交通流量较小的街区，为高龄老人代步工具的限速 Level 5 自动驾驶车辆，则可能在不久的将来得以实现。

无论如何，对于 Level 3、4、5 都需要将人的认识、理解、判断、行动通过信息处理技术进行转换，但以当前 ICT 水平而言，仍需在性能上有飞跃性的提高。也许在需判断对象的数量较为有限的高速公路上，将人的判断与行动进行转换相对简单，对一般道路来说则难度很大。一般道路上存在路口、信号灯、

多种交通标识、人行横道、步行者等各类需要识别的事物，需要做出在有对向车的情况下左右转向、在合适的时机提前变更车道等动作；此外，还可能存在无法预知的障碍物突然出现；更进一步，还存在各国间不同的交通规则及地域性差异。在上述各类环境中，实现无碰撞、高舒适性的自动驾驶算法，还必须随着市场的扩大、因世界各地情况的不同而进行逐一开发。但这大概终究将是人力所不能及的吧。

最终，为了实现自动驾驶必须开发出比人判断正确率更高的算法。深度学习虽然不是万能的，但继声音识别、图像识别、同声传译之后，其在自动驾驶领域或许也将得到非常有效的运用。在当前阶段，即使首先仅在特定领域，大量收集现实世界数据，并以此开发基于深度学习的车辆自动驾驶算法，相关研究需尽快开始实施。

NHTSA 提议提出之后的技术大革新

在 NHTSA 提议公布后的两年内发生了许多大事。2013 年提议发布时，即使在国际上，人工智能（AI）也还未成为热门话题。作为背景，2012 年 5 月举行的名为 "ImageNet"（大规模视觉识别挑战赛）的国际图像识别技术竞赛上，公布了当初所取得的图像识别技术飞跃性发展。该技术飞跃得以实现的理由正是深度学习在图像识别上的应用。几乎与此同时，深度学习在美国苹果公司的 Siri 以及谷歌公司的声音识别/检索上发挥的巨大作用也被全世界所验证，并对日常生活影响广泛。名为"谷歌猫脸识别"的无监督机器深度学习的成果也使得今后人工智能的可能性成为了热点话题。

在 2014 年 9 月的 ImageNet 挑战赛上，比 2012 年更进一步，实现了基于一张照片，以极高的正确率辨识多个物体的能力。以这种辨识水平，在 2018 年或 2020 年，或者稍晚，将必然能够实现比人更快、更精准的多类物体识别。

更进一步，在避免碰撞的行驶算法[12]以及在路口安全直行通过、左右转向行驶算法的开发上，也存在运用深度学习的可能性。前面提到的"随着市场的扩大，根据世界各地情况的不同而对无碰撞、高舒适性的自动驾驶算法进行逐一开发，这大概终究将是人力所不能及的吧"或许也将通过深度学习得以攻克。对此，有必要立即在公共道路上开展试验，通过收集大量数据进行算法开发。

NHTSA的提议中虽然并没有出现类似"深度学习"这样的词汇，但"大数据"是提到的。提议指出了在试验过程中收集大量数据，合理通过云计算等技术对大数据进行处理的重要性。

[12] 作为极为重要的例子，Preferred Networks公司2015年在interloop上的演示揭示了其可能性。来源于https://www.youtube.com/watch?v=a3AWpeOjkzw。

对网络安全以及隐私保护需要谨慎处理

由于车辆搭载的系统通过通信系统与云数据相连，因此网络安全也是至关重要的。当然对于功能安全的完善来说，确保错误数据不流入ECU是不可或缺的，但功能安全即使得到全面有效的执行，当系统被黑客入侵，导致数据在错误的时间发出，甚至行驶系统网络中流入完全错误的数据时，功能安全就束手无策了。因此与功能安全相同，网络安全也是必须面对的问题。这不仅适用于Level 4，对Level 3而言同样如此。

更进一步，对Level 4和Level 5而言，例如无人出租车的无人驾驶系统在行驶开始时，需要运营方对车辆的使用进行管理。为防止乘客在车内做出不法举动，有必要通过摄像头对车内情况进行实时监控。极端来说，存在乘客一切行为被计算机完全监控的可能性。为了通过隐私管理维护乘客权利，需要车辆制造商及服务提供商在管理使用乘客信息时，通过将乘客合理使用车辆时的不必要信息删除，不将信息对外透露给第三方，在征得乘客同意后将信息用于特定目的，并在特定目的达到后通过将数据销毁等方式，构建乘客隐私保护系统，维护乘客的信息安全。

深入理解
ICT与自动驾驶

第 2 章

ICT 如何为自动驾驶的实现做出贡献

2-1 人类视角所见"自动驾驶"与"普通驾驶"的本质区别

基本来说,行驶过程中车辆与驾驶员间只有方向盘、加速踏板及制动踏板三个接点。在上述三项操作的基础上,驾驶员有认知外部环境、始终确保行驶安全的责任。如果实现自动驾驶,驾驶员不仅可能手脚离开方向盘、加速踏板、制动踏板,同时无须注意周边环境(图2-1)。作为替代,通过对摄像头、LiDAR、毫米波雷达、超声波雷达等车载传感器群收集的数据进行分析,无论昼夜及雨雪天气,始终可以在行驶中正确感知360°全周边环境(图2-2)。

作为人眼的替代,传感器群对外部状况进行计算测量,并将数据传入替代了人类大脑及小脑的计算机系统。计算机系统通过对感知数据进行分析,规划出无碰撞路径,并在此基础上决定加速程度、制动时机以及转向位置。这基本上是通过ECU将数据经CAN总线直接输入执行机构而实现车辆行驶的。同时,在操纵车辆时还需注意不出现让人感到难受的急加速、急减速或急转向。

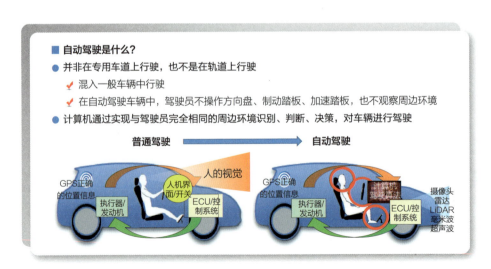

■ 自动驾驶是什么?
● 并非在专用车道上行驶,也不是在轨道上行驶
  ✓ 混入一般车辆中行驶
  ✓ 在自动驾驶车辆中,驾驶员不操作方向盘、制动踏板、加速踏板,也不观察周边环境
● 计算机通过实现与驾驶员完全相同的周边环境识别、判断、决策,对车辆进行驾驶

图2-1 普通驾驶与自动驾驶的区别

第2章 ICT如何为自动驾驶的实现做出贡献

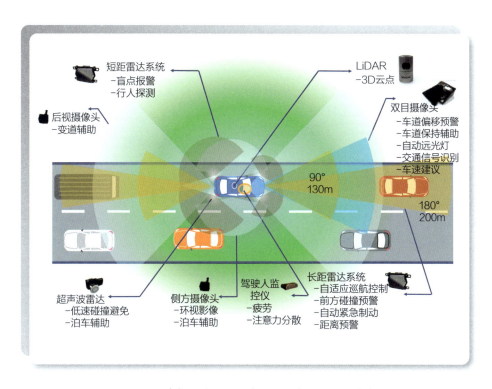

图 2-2 实现车辆周边 360°、全天候、全昼夜感知的传感器群

基本上，车辆在行驶时自动地对周边状况进行逐次感知。

三维数据的使用

与用于人类认知的车辆导航地图不同，用于自动驾驶汽车的地图数据是通过将三维信息原始数据直接数据库化实现的。车用数据并非给出类似"起点至终点间请沿此路径行驶"说明的车辆导航用平面地图[1]，而是系统易于理解的三维信息。外界信息在映入人眼视网膜后转换为二维信息。即使双目视觉产生的立体感在某种程度上能实现深度信息的感知，但对距离的认知是不正确的。

特意将输入系统的三维信息全部二维化，对于需要将二维数据还原为三维数据进行空间信息分析而言是多此一举的。维

[1] 即使以看上去是三维的方式表示，但在屏幕上仍显示为二维。

043

数的增加对计算机造成的负担与其对人脑的负担相比，显得微不足道。为了让计算机识别三维空间，直接输入三维数据就可以了。

实际上，车辆周边状况本身就是以三维形式存在的，因此可以将三维原始信息直接数据库化，用于车辆的安全运行。同理，可以将三维数据库信息直接更新，将三维数据直接用于计算机处理。

在判断物体所处位置时，系统可以直接在三维空间内对物体是静止物体还是移动物体、是车辆还是行人、物体处于何种状态等信息进行识别。由此，对是否从前方、后方、横向、上方、下方、斜向等任何方向看是车辆还是行人的辨别也成为可能。将三维信息直接进行三维处理的话，计算也变得简单。甚至据说可以通过深度学习，使用三维数据实现诸如"人行道上的行人接下来将横穿马路还是维持站立姿态？"等一定程度的行为预测或姿态解读。

在自动驾驶时，计算机所参照的地图本身必须是三维的。对此，需要将所需识别的信号灯及交通标识、路灯等的特征点以（x, y, z）点群的格式作为矢量输入信息，并在此基础上增加交通管制、道路堵塞分析、环境变化预测等道路属性信息（图 2-3）。此外，上述三维地图的定义必须实现全球统一，否则车辆无法在世界各地以相同的规则认识周边环境。

对于当前的车辆导航地图而言，即使各地图厂商在地图表现形式及使用习惯上存在或多或少的差异，但对人类用户而言是无妨的。然而，当计算机使用地图数据时，如果数据格式非全球统一而是各国间存在差异，则需要系统对地图定义进行调整，这将对开发造成巨大负担。更进一步，一旦基于欧美企业共通地图定义的自动驾驶汽车上市，则存在如果地图定义不同，则在其他国家无法行驶的情况。

图 2-3 点群图

注：可掌握物体识别，掌握距离、动作（意图、姿势）等信息。

此外，当自动驾驶汽车通过传感器感知到与实际环境与地图存在差异时，每辆车将通过服务器上传信息，基于对多车辆的上传数据进行统计处理后，将地图进行更新。这正是之前所述 Vehicle IoT 的一环。若各国的通信方式存在差异，则将难以实现。

二维地图对于乘客的必要性

车辆实现驾驶自动化后，乘客还需要在行驶开始前告知车辆的目的地。这是不言而喻的，否则车辆在不知道行驶目的地的情况下无法起动。此外，乘客还需要告知车辆到达目的地前希望行驶的路线。如果车辆不进行路线确认，行驶在非预想道路上，乘客将感到不安。对此需要使用类似当前的导航系统等易于人类理解的方法进行说明。可将图像化的手机导航二维地图加入 turn by turn 行车信息后直接运用于自动驾驶二维地图。当然另一种可能性是，在自动驾驶时乘客不驾驶车辆并通过手机确认车辆运行状况。

自动驾驶使用的是三维地图数据。车辆基于地图数据规划出若干条无碰撞的可能行驶路径，从中选择最适当的用于自动驾驶，并进一步在行驶过程中对此前选定的最佳路径进行经常修正（图2-4）。

作为结论，自动驾驶系统需要通过分析理解三维原始信息，实现无碰撞的自动行驶，并生成"系统所需的地图"和"易于人类理解的导航地图"这两种地图。

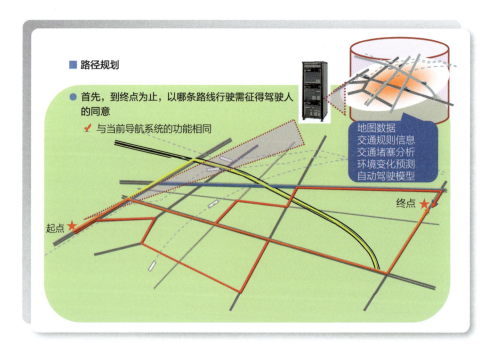

图2-4 世界观的差异：宏观角度的位置信息

注：距离及行驶难度、目的地在道路左侧时到达是否方便（图中为右侧通行，因此车辆位于道路右侧）等，有很多需要考虑的要素。

综合风险后变更行为方式

在碰撞避免等相关研究领域，日产公司在此前展示了其名为"安全盾"的构想（图2-5）。

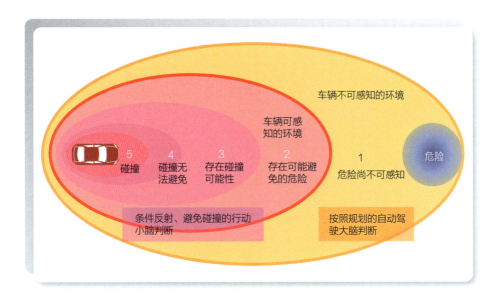

图2-5　日产的"安全盾"构想

注：笔者参考 http://www.nissan-global.com/EN/TECHNOLOGY/MAGAZINE/safetyshield.html 后制图。

车辆行驶中，前方即使有事故风险，但仍处于不可见状态。此即第一阶段。风险可见但可以得到避免是第二阶段。实现事故避免存在难度，有无法避免的可能性为第三阶段。事故已无法避免为第四阶段。已发生碰撞，需要采取行动以尽量减少冲击为第五阶段。需要基于距离和时间（速度）对需采取的风险应对措施做出决策。

摄像头感知距离40m，即使整合所有传感器，探测极限为200m

速度36km/h 行驶 30m 耗时 3s，72km/h 行驶 60m 耗时 3s，108km/h 行驶 90m 耗时 3s，100km/h 行驶 200m 耗时 7s。

以上为在判断是否会发生碰撞时对距离、速度、时间的尺度感知的举例。如果有 10s 以上时间，则可能采取一定程度的碰撞避免措施。当然，其他车辆主动撞过来则是另一种情形。或者说，在某个速度以上 10s 之后到达的区域处于不可见的状态，由于无法看到其他车辆，因此无法采取避免行动（图 2-6）。

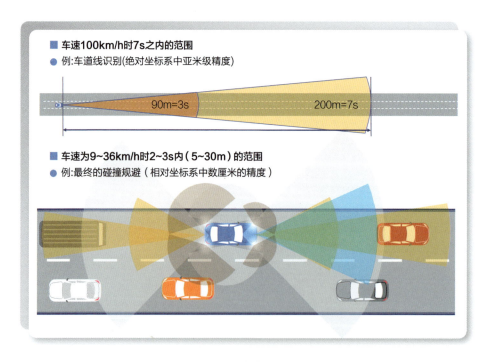

图 2-6　微观上了解相对位置关系即可

在无碰撞风险的常规运行中，仅通过传感器在其可感知范围内识别车道线，以及与其他车辆的相对位置关系，确保不发生碰撞即可。同时，虽然存在尽可能准确地预测其他物体的后续行为的必要性，但相关算法是因国家、地域而异的。而当碰撞风险出现时，相对位置关系的计算是不可或缺的，通过 GPS 获取的绝对位置信息则无关紧要。

下一个信号是哪一个？

不仅与物体的距离远近会对解析度产生影响，同时作为摄像头的特性,也存在难以辨别距离的局限性。在视野范围内各个路口存在多个信号灯[2],当需要在最近的信号灯处停车的话,如果是人,几乎在一瞬间就能判断需要看哪个信号灯;但对于摄像头来说,哪个信号灯较近、哪个信号灯较远则难以分辨。此外,还存在将前车尾灯与红色信号灯相混淆的情况。

[2] 在美国,信号灯安在路口的正上方。

如果使用雷达、LiDAR,则将有助于判断信号灯远近。通过参考三维地图能进一步以小计算量得到正确的结果(图2-7)。这将在第三章中介绍。

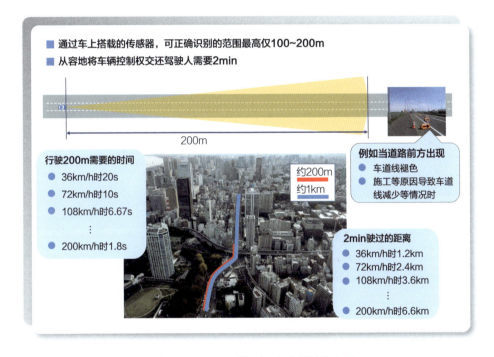

图2-7 Level 3 计划性自动驾驶的实现

即使200m也并不能算是很长的距离。德国汽车生产商提出了实现200km/h自动驾驶的目标,并在一两年前开始了相关探讨。在200km/h的车速下,200m的距离3.6s就驶过了。如果传感器仅能在3.6s前感知相关信息,安全自动驾驶是无法实现的。

作为Level 3的原则,需要"当系统处于无法进行自动驾驶的状态时，有充足的时间将车辆交还驾驶人"。假设驾驶员从睡眠状态从容返回驾驶状态需要 20s，即使传感器能够正确判断前方 200m 内的情况，如果行驶速度超过 36km/h，则无法满足 Level 3 的条件（图 2-8）。对此，或许需要通过车内摄像头或人体传感器对驾驶员状态进行实时判断分析，以即时估算驾驶员完全返回驾驶状态所需的精确时间。

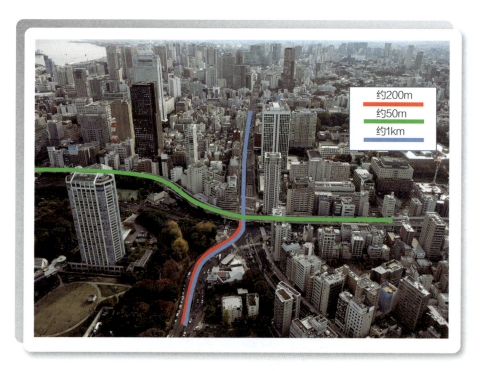

图 2-8　200m 量级的直观感受，在该范围内可通过车载传感器进行感知

200m 之外信息获取需要三维地图登场

在需要获取 200m 外信息时，将三维地图进行融合就有意义了。三维地图将类似"此处有信号灯"等信息融入特征点的 x、y、z 坐标内，通过对比地图信息，当前摄像头内的信号灯哪个是最近的、需要基于哪个进行判断就一目了然了（图 2-9）。当 2020 年前后车载摄像头达到 4000×2000 像素级的高清晰度时，

图 2-9　2km 量级的直观感受，需使用三维地图

仅需对 CCD（电荷耦合器件图像传感器）/CMOS（互补金属氧化物半导体图像传感器）上必要部分的信息进行在地图帮助下的识别，这将减少图像识别的计算负荷。

很难决定需要把哪些具有 ADAS（高级驾驶辅助系统）属性的数据嵌入三维地图。如果把所有空间信息的 x、y、z 坐标数据都进行标注，则数据的规模将过于庞大，由此将加重计算处理负担。车载电脑内存容量的增大将导致车辆售价增高，市场接受度下降。因此，如何定义能满足自动驾驶地图安全运用的数据最小嵌入量成为当务之急。

此外，为了覆盖日本国内、北美、欧洲、中国等各个市场，以"在相同存储格式下，即使在地域面积最大的市场中，也需要将地图数据量控制在 4GB 以内"的国际通行观点出发，并以此展开国际层面的讨论是至关重要的[3]。

[3] 操作系统可直接处理的数据容量、硬件上搭载的 DRAM（动态随机存取存储器）及 SSD（固态硬盘）的读取速度、成本影响以及二维记忆装置及网络中存储的数据容量与行驶范围内必要数据间的交互关系等，必须对以上因素加以探讨以使基础设施的成本最优化。

Level 3 需要对自动驾驶功能可用的界限进行确定。依传感器、计算机的性能差异,界限也是各不相同的。对于 Level 3,其自身性能将确定自动驾驶功能的可用范围,也许这将成为今后车辆性能的体现(图 2-10)。

自动行驶状态与驾驶人行驶状态共存

- 在一定的环境状况及交通状况下,驾驶人"为确保一切安全,将重要的控制功能"交由自动驾驶系统负责,"对状况变化的监视"功能也可交由系统负责(自动驾驶模式)
- 仅在自动驾驶模式达到其功能极限时,驾驶人将自主操纵车辆运行,条件是系统有充分的时间将驾驶权交还给驾驶人

图 2-10 Level 3 的要点

新的地图更好

和人类相同,传感器也无法感知约 200m 外的不可见区域(视线范围以外)。在此有必要通过 Vehicle IoT,将来自不定量信息源的信息(Crowd Sourced,即众包)进行整合利用,以解决该问题。

车辆行驶时对前方的情况进行预测,以此尽可能提前发现传感器无法感知的风险。例如:掌握 2~3km 前车道线褪色的情况;由于道路路口的右转车道发生堵塞,在数百米前提前变道。使用过去一分钟、一小时、一天、一周、一个月前行驶车辆的数据,并通过服务器对路况等周边环境按时间推移的变化进行预测。在实际行驶中,若发现实际情况与地图存在差异,则将相关差异信息进行上传。虽然可将一段时间内处于静止的物体视为静止物,但将交通堵塞时的静止车辆作为静止物处理显然不合理,因此以秒为单位的实时信息上传是不必要的，仅需要通过处理统计及预测[4]，将更新后的信息传送给车辆即可（图2-11）。

通过从前方运行车辆获取信息，可获悉前方发生的交通事故。在右转弯时，若路口附近的右转专用道发生堵塞，自动驾驶汽车需要提前进入最右侧车道。该情形可以通过分析周边车辆获取的信息后得出。车道线在途中消失的信息也可以通过地图（三维地图数据库）获取。

[4] 当前的状况是，即使对来自若干传感器的云信息的统计处理准确度得到了提高，最终仍需要由地图公司以某种方式确认后，再将相关信息整合在地图上。今后，对传感器云信息的自动化统计预测及模拟将达到何种正确程度，这将成为非常重要的课题。

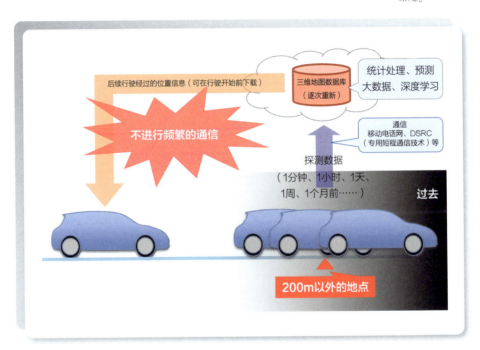

图2-11 计划性（预测）自动驾驶的重要性

类似道路倾斜、路面状况（沉陷、凹凸不平、台阶、摩擦系数变化等）、车速限制、急弯等信息对自动驾驶也是必需的。在存在打滑风险时，需要通过计算路面摩擦系数、事先预测应以多快的车速入弯道，更进一步，一旦发生打滑时，当场做出类似条件反射的局部自动控制也是必不可少的功能，这也将成为其他车辆的重要信息源。类似"车道减少等道路限制是否取

消,信号灯或停止线的位置是否发生变化"等信息,需要通过数据库化并统计处理后将其上传。

尽早做出退出自动驾驶模式的决策

若判断以自身的传感器水平、分析能力无法进行自动驾驶,则需要尽早做出退出自动驾驶模式的决策,并将控制权交还驾驶员。如果将此前车辆的信息在服务器上按时序统计处理后,了解到"此前若干千米后车道线的反射率将下降"的信息,那么每辆车将各自得出"本车传感器无法识别"或"本车传感器可完全胜任"的不同结论。对实现有计划的自动驾驶系统而言,类似此类前提的设定是不可或缺的。

不使用三维地图做出条件反射式的独立判断也是系统的必备功能。和人驾驶车辆相同,这仅适用于自动驾驶汽车传感器"可见"的范围内。在车道保持模式下,车道线消失时是将车辆保持在原位还是继续与前车保持一定距离,此类判断即使不进行详细的云端询问,也可以仅通过车内微处理器实现。实际上,既没有充分的时间[5]也没有必要进行云端询问。当然,将条件反射式判断得出的结果在事后将"情况发生变化"的信息上传至云端数据库,则可供其他车辆参考。

> ⑤ 主要是与网络通信延迟有关。

当前仅限定于高速公路?

如果预计在2020年仅实现高速公路自动驾驶[6],则无须考虑信号灯、行人、对向车辆、左右转向等因素。在高速公路上,实现自动驾驶所需的参数为车道线及道路标识的识别、出入口及堵车时的行驶对策、超车等高/低速下车道线变更所需数据等。需要对上述数据进行不断更新,并形成将其用于数据中心的体系架构。此外,还需要把上述数据作为地图基础属性,实现数据库化。

> ⑥ 从当前技术开发的进展情况来看,很可能2020年就能实现在特定条件下一般道路上的自动驾驶。

无须对优先度低的数据进行频繁更新。根据数据类型不同，某些数据不需要即时推送，可以事先储存，待返回后与服务器相连时再上传。基于实际情况对各类数据的实时性进行定义，确定各数据所需的更新频度，以此为基础对全系统进行设计是至关重要的。

至少对于高速公路而言，数据所需的更新频度不高。地图不需要对前方行驶的车辆、突然出现的物体等每秒都在发生变化的移动物体进行管理，仅需要将堵塞状况、车道线在时间序列上的褪色情况、信号灯及停止线位置的变化、道路自身的变化等在短时间尺度上可视为静止物体的信息进行数据库化。

然而，虽然是未来的话题，当前 ImageNet 挑战赛图像识别在联网时能实现 60ms 左右的速度，这已经与人脑的识别速度相当了。而且 ImageNet 挑战赛可一次识别多个物体（虽然可识别物体的种类比人类要少）。随着计算机性能的提高，处理速度将被进一步提升。此外，在通过云端实现图像识别时必须考虑终端与服务器间的通信延迟。当前因通信环境不同，往返通信延迟在 100ms 至数秒间存在很大差异。随着今后 4G 甚至 5G 网络的普及，通信带域最大将达到 10Gbit/s，通常情况下也能达到 100Mbit/s 以上，通信延迟由此将可能得到大幅缩短（1～10ms 或 1ms 以下）。

如果以 4G 网络水平，通过云端访问获得的数据能在 200ms 内返回，再经过 20ms 左右的车内再确认的话，则经高度处理后的数据也可得到安全使用（图 2-12）。

在上述环境下，不仅可以将传感器获得数据中的道路及交通状况数据进行上传，还可将交通标识等经图像处理后的结果一并数据库化。更进一步，若不局限于高速公路，而将应用领域扩大至一般道路，随着需识别物体的数量/类型激增，云端数据中心也需要具备 AI 功能。同时系统需具备实现大量并行处理的能力。

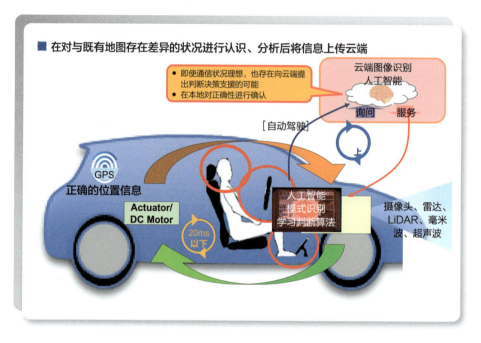

图 2-12　自动驾驶车辆与云端的连接

地图公司与汽车制造商的关系

[7] 在日本国内，地方性地图企业比较强势。这与中国、印度等国不同。

在国外，Here 公司走在了导航用地图及三维地图的前列[7]。Here 公司对数据中心定位的设想有着重要意义，如图 2-13 所示。

如上所述，通过车辆可以获取大量的各类信息。汽车制造商在自己的云系统上配置数据库，基于个人信息保护法，对用户信息进行安全管理。通过匿名化等处理对数据进行分析。例如，将车辆位置信息中删去 ID 等信息，通过统计分析处理，生成无法追溯具体车辆的堵车信息。在信息向第三方传输时，通过 API（应用编程界面）化等手段，将数据用于第三方服务（图 2-14）。随着第三方服务领域的扩大，各个汽车制造商有必要使用相同的 API。为了实现用户保护，还需要各公司对自身的责任范围进行清晰的界定。

第2章 ICT如何为自动驾驶的实现做出贡献

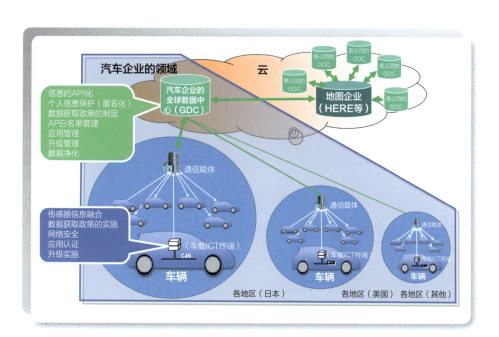

图2-13 汽车企业与地图企业的关系

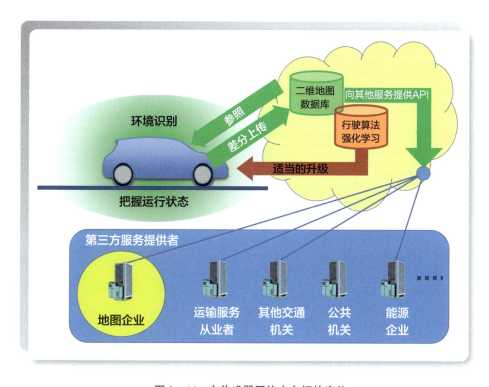

图2-14 在传感器网络中车辆的定位

地图更新也同样。各公司将相当于地图属性的数据 API 化后输出给 Here 公司。Here 公司在收集各公司数据的基础上将地图进行更新。地图更新所需的信息收集需要使用世界各汽车公司的数据。基本地图是地图公司通过测量车逐次进行精确测位得到的，某种程度的地图属性变化则需要通过对行驶车辆收集的数据进行进一步的精细分析后得出。

非汽车生产商不可以参与数据业务吗？

基于个人信息处理的考虑，各个汽车公司首先需要将数据上传至其数据中心。在征得同意的基础上，汽车企业可获取其售出车辆使用者的相关信息。例如在获取位置信息时，将获取该车的 ID 以及时间信息，这已是属于类似"谁何时在何地"这样的深度个人信息了。将这类原始信息直接传递给第三方，在世界多数国家是被个人信息保护法所禁止的。在提供服务时，用户合约中已明确说明"个人信息将不会对外泄露，获取的信息将仅用于公司内部的产品开发"。在通过车辆位置数据生成堵车信息时，即使此时的个人信息并没有利用价值，也需通过公司内部的数据处理，将获取信息的 ID 去除以实现匿名化。

实际上，即使将 ID 信息去除，仍可以通过其他信息的组合，或者每天在相同地点出发等事实锁定到个人。因此也需要将出发后一定时间及距离内的数据去除，进一步则需要将个别数据经统计化处理后转化为无法溯源的不可逆信息。对此，与客户直接接触的汽车制造商必须首先收集数据，并将其进行信息不可逆化处理。

长期来看，所有公司都进行上述操作或许将不再必要。作为云端数据中心的信息处理功能之一，对各公司的信息加以收集并确保各公司的信息相互间不可见，这在技术层面上是可行的。由此，可能出现接收各汽车制造商上传数据的事业化企业。

目前还没有此类机构[8]，因此各个汽车生产商必须独立运

[8] 有部分 TSP（通信服务提供商）向多家企业提供了在某种程度上相似的服务。

作,并通过同一个数据中心收集各地区的数据。随着车辆销售区域向欧洲、美国、日本、中国等其他国家和地区扩大,必须定义能够从各国获取数据的类似全球数据中心的国际化机构。即使数据中心本身可以在世界各国分散存在,但必须采用相同的算法对全体数据进行处理。

车辆端使用通信机

为了实现上述功能,需要在车内搭载通信机。在该情况下,通信机的功能将通过电话实现。虽然车内的智能手机在一定程度上也能应用,但内置的电话机可确保通信更加稳定。在电话机内置时,只需插入 SIM 卡即可启用。SIM 卡需要在生产线装配、整车报交、经销商接车、交付客户中的哪个环节插入,是否需要经客户来电确认后再开通? 由于涉及通信费用,这需要与实际提供网络连接的网络运营商进行协商。

汽车制造商独自进行上述操作是大费周折的。例如在美国的 AT&T Wireless 公司及 Verizon 公司、欧洲的 Telenor 公司及 Vodafone 公司,均提供了"同本公司签约后可全球使用"[9]的服务(图 2-15)。

由于将 SIM 卡载入车辆会出现受热脱落的风险,最近出现了使用半导体植入式芯片的 eSIM 方式。在车外通过 OTA[10](Over the Air,即空中下载)实现软件化启动也成为可能。随着手机网络的发展,将通信机内置,由当地通信公司在必要的时间地点启动系统将成为可能。

OTA 为"通过无线通信",即通过服务器下载 OS(操作系统)、中间件、应用等。在多数情况下,其目的是下载后对本地既有系统进行更新。在当前的智能手机上,这是普遍存在的操作。

然而,某些类型的软件需要在下载软件安装后对 ICT 终端进行重启。对于手机而言,实施重启是没有问题的。但对于汽车,为了防止不经意间的重启,不能在任何时刻都允许 OTA 形式的应用下载。

[9] 通过漫游。

[10] 网络安全相关问题必须非常慎重地对待。

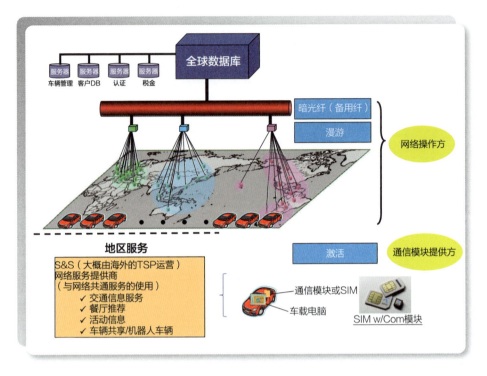

图 2-15 在选择 MNO（移动通信从业者）时需要注意的几点

特别当车辆行驶时，安装应用存在显而易见的危险。此外，网络安全上的各类风险也尚待解决。因此，当前还尚未实施过车辆软件 OTA 更新。当然，如果仅仅是类似堵车信息之类的数据，即使在车辆行驶中通过无线通信进行 OTA 下载，也是没有危险的。

然而在当前现状下，美国特斯拉汽车公司仍然在 2015 年 3 月对该公司已销售的 "Model S" 通过 OTA 进行软件更新，实现了导航系统功能升级。同年 10 月，特斯拉再次进一步通过 OTA 推送软件版本 7.0，对车载计算机性能进行升级，实现了接近自动驾驶的方向盘操纵自动化、自动车道变更、防侧向撞击等功能的下载。

今后，随着下载时机问题[11]，特别是下载后如何避免意外安装的时机问题，以及网络安全问题的解决，通过 OTA 下载自动驾驶算法或许将变得简单便利，并获得市场认可。对此，汽车生产商需要通过丰富的 ICT 知识及经验，导入可靠有效的网络安全对策。

11 存在以下问题：何种情况下对应用、中间件、操作系统进行升级；下载整个文件夹耗时过长；下载环境发生变化时如何应对等。

2-2　SLAM 的应用

当机器人或自动驾驶车辆在地图不完整的环境下移动时，可通过已运用于机器人领域的 SLAM（同步定位与地图构建）技术，在运行途中对地图进行补充。机器人在不具备地图的前提下自发向未知环境前进时，是无法获得在何处需如何运动等信息的。同时也无法获悉周边存在哪些物体。即使如此，机器人还是可以利用自身移动后所感知周边环境的变化，对周边物体的形状以及自身与周边物体的相对位置关系进行识别。同时通过在坐标系中将周边物体地图化，机器人能够在移动中绘制地图，并同时确认自身在地图中的位置。

通过自身的运动绘制地图

假设存在建筑物，机器人需要从其左侧通过（图 2-16）。

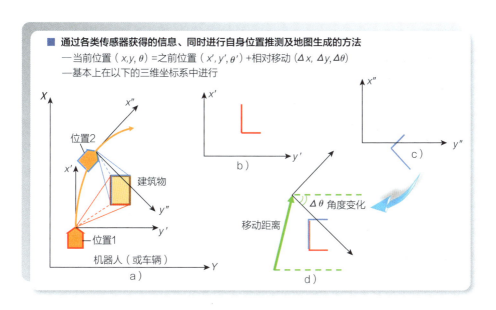

图 2-16　SLAM 简介

xy 坐标系为绝对坐标系。机器人（或车辆）是通过以自身为起点对周围物体的相对位置进行识别的，因此它的识别坐标系是相对坐标系。随着自身的移动，物体在相对坐标中的位置也在发生变化。当机器人（或车辆）位于位置 1 时，建筑物在 $x'y'$ 坐标系下为图 2-16b 中的线段。当机器人（或车辆）运动至位置 2 时，建筑物在 $x''y''$ 坐标系下为图 2-16c 中的线段。通过提取这些线段可实现在相对坐标系中这些线段的制图。由于图 2-16b 中的线段与图 2-16c 中的线段为同一建筑物的外缘，将线段重合后，可以算出自身的移动距离及变化角度，如图 2-16d 所示。

此处以二维空间为例进行说明，实际上机器人是基于 xyz 三维坐标对空间进行识别计算的，机器人在移动中对三维空间进行识别。上述方法同样适用车辆。然而，当车辆在道路上行驶时，不必在每次行驶时都通过自身生成地图。如果存在既有的包含具备制图三维空间信息的地图，可实现车辆自身的位置推算（图 2-17）。

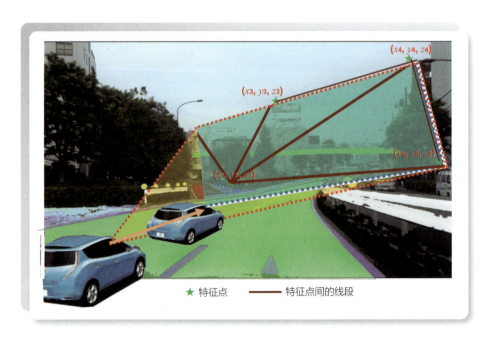

图 2-17 通过三维空间上的特征点对车辆自身位置进行确定

空间内的特征点可以通过对 LiDAR 信息进行处理，或使用 OpenCV 或 OpenVX 对摄像头获取的图像加以分析后得到提取图像。通过改变对比度可简单实现色彩区分，以此在现有三维空间信息中将物体端点等其他特征点进行提取。车辆对各个特征点加以识别后，随着车辆向前移动，车辆自身至特征点的连线由图 2-17 中的虚线变为点画线（图 2-17）。由此，通过计算，可以掌握车辆自身的运动情况。由于可获取 xyz 三维空间信息，因此车辆也能够掌握自身在行驶途中的上下坡或驶经坎坷地带等信息。

名古屋大学在自动驾驶领域的研究

作为 SLAM 研究案例，对名古屋大学的研究介绍如下。

首先设定包含特征点 xyz 坐标的三维空间内的点群（图 2-18）。

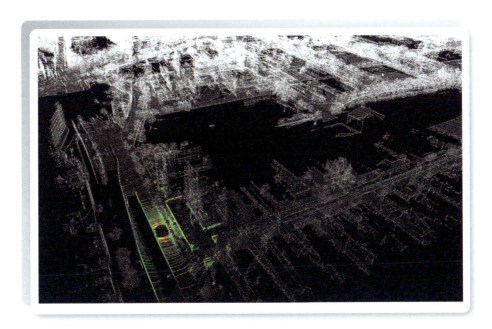

图 2-18　点群图与 SLAM

注：来源：名古屋大学。

深入理解 ICT与自动驾驶

在图2-18中,白色点为制作地图所需的测位点,并为每个点定义了其各自的 xyz 坐标。在给出了以上点阵定义的地图中,若自动驾驶车辆通过 LiDAR 等传感器自身感知得到的空间形状信息(同样为定义了 xyz 坐标的点群)与地图中的部分点群重合,即可实现车辆自身的定位。通过计算机实现以上计算是易于实现的。计算得出的车辆自身定位误差为 10cm 左右,精度高于 GPS,同时移动中的定位也同样能够实现。如果测位点信息不足,则可通过自身测量数据对其进行补充。目前,名古屋大学已基于上述方法展开了公开道路试验。

当前的问题是点的数量太多了,即使在不需要的位置也定义了点阵。今后的课题是研究需要将点阵数量减少到何种程度。虽然尽可能多地收集点阵数或许可得出更为精确的结果,但这导致了计算负荷的增大。因此将点阵数量减少到何种程度将成为重要课题。在名古屋大学,也展开了在不降低识别性能的前提下,如何将点阵数量减少到最低的讨论。

将必要的软件开源化

作为其另一项成果,名古屋大学发布了名为"Autoware"的可供任何人使用的开源化自动驾驶用软件(图2-19)。

在车辆上搭载雷达、LiDAR 等传感器,从零开始,通过电脑编程处理后得到数据输出。这是一项艰巨的任务。能将数据转化成各类可用于分析的形式的软件工具是不可或缺的[12]。

此类基础性开发工作应作为协作领域而非竞争领域展开,开发成果应可供各方使用。对此,名古屋大学[13]开发了针对 LiDAR、雷达的软件,并进一步将环境识别、运行模型、行为模型、路径规划、行动规划、系统监管等自动驾驶车辆开发必备基本技术开源化,使得该软件可简单地供任何人使用。自动驾驶开发者可任意在此基础上,对该系统进行定制化、改良、改进、商业化等处理。由此,开发者们不必再将精力花费在初期开发上,这为开发的向前推进提供了可能(图2-20和图2-21)。

[12] 在美国 DARPA(国防高等研究规划局)的 Urban Challenge 挑战赛上,出现了能对摄像头图像进行识别/分析的类似 OpenCV(开源计算机视觉库)的计算机软件库,自动驾驶算法的开发也取得了进展。

[13] 产业技术综合研究所、长崎大学在研发中提供协助。

第2章 ICT如何为自动驾驶的实现做出贡献

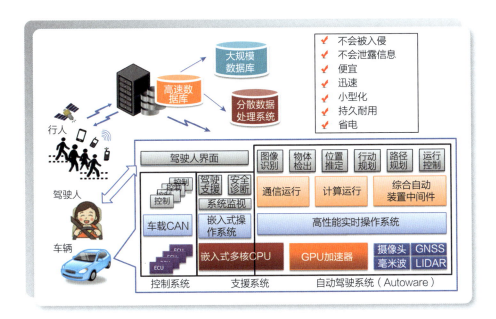

图 2-19 自动驾驶"Autoware"概要

注：来源：名古屋大学。

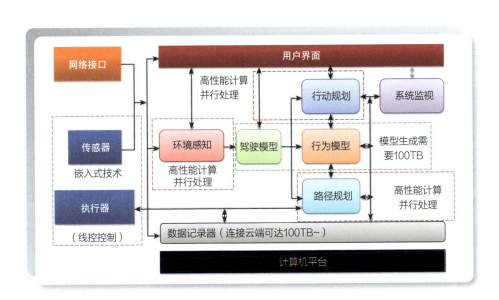

图 2-20 自动驾驶"Autoware"的构成

注：来源：名古屋大学。

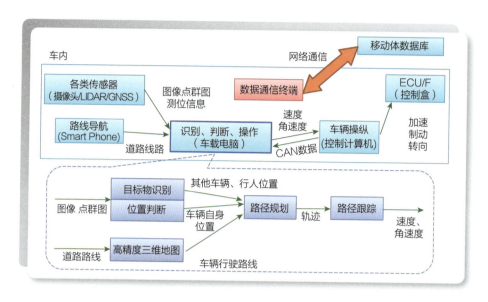

图 2-21 自动驾驶"Autoware"的控制

注：来源：名古屋大学。

Autoware 搭载了类似摄像头数据库的基本软件以及可实现后续各类应用开发的软件体系。通过对从传感器获取的各类数据加以利用，可构建某种类型的模型，并在通过软件制作后发布。LiDAR、摄像头在该系统也获得了应用。通过利用 GPS 等环境传感器，将其感知数据以基本库的形式提供给该系统，可开发出能感知车辆自身位置、周边静止/移动物体位置的自动驾驶软件。上述系统的开发基于 Linux 及 ROS（机器操作系统）（图 2-22）。

系统的基本机能为三维位置推算、三维地图生成、与他人通信所需的导航应用，以及如何规划无碰撞安全通过的路径。

有必要根据车速对方向盘、加速踏板及制动踏板的操作方式进行计算。当前的目标是在速度 60km/h 以内实现应用。系统融合了在路口左右转向时的必要信息分析、临时停车处置、车辆识别、行人识别、车道线识别、信号灯识别、交通标识识别等基础功能。

Autoware

- 通过使用激光雷达、摄像头、GNSS等传感器的环境感知数据，在对自车位置及周边物体进行识别的同时，在车载导航给出的路线上实现自动驾驶
- 自动驾驶系统使用的开源软件基于Linux及ROS
- 名古屋大学在产业技术综合研究所及长崎大学的协助下进行开发

基本机能

- 三维自车位置推算、三维地图生成、导航应用、路径规划、路径跟踪（0～60km/h）、路口左右转向/临时停车、自动停车、车辆识别、行人识别、车道识别、标识识别、路面符号识别、交通信号识别

构成、特征

- 可基于以下技术进行开发（也可使用其他替代技术）
  - ZMP的机器人车
  - aisan科技公司的高精度三维地图
  - 卫星定位技术、Javad公司的GNSS定位器
  - 北阳电机、Velodyne公司的三维扫描仪
  - IncrementP公司的安卓终端用车载导航
  - 除英特尔公司的芯片外，Linux系统可运作的环境
  - NVIDIA公司的GPGPU技术（GeForce、Tegra）
  - eSOL公司的车载嵌入式系统
  - 互联网数据库连接方面的支持

图2-22　自动驾驶"Autoware"的机能、构成、特征

硬件已全部具备

通过购买ZMP的"RoboCar"，即可初步实现车辆的自动运行。三维地图使用aisan科技公司的产品，LiDAR可使用北阳电机或Velodyne公司的产品。为实现系统与人的交流，将机器识别到的信息在车载导航上进行展示。当前使用的是基于IncrementP公司的地图。

深入理解
ICT与自动驾驶

使用美国英特尔公司的芯片及搭载 Linux 系统的个人计算机即可实现系统运行。通过对美国 NVIDIA 公司的 GPU（图像处理单元）进行编程，可实现一系列的并行处理[14]，可使用该公司"Geforce""Tegra"级别的芯片进行开发。在对其他的 CPU 进行中间件搭载时，可使用 eSOL 公司的车载嵌入式系统。

当接入互联网后，即可使用上述设备，通过计算机对自动驾驶算法进行开发。虽然基本软硬件已全部具备，但这仍仅仅是刚起步，研发过程中仍存在巨大困难。为了实现关乎生命安全的正确动作的执行，需付出此前数百倍的努力。因此与汽车制造商的进一步深入合作是必不可少的。

14 使用通用 GPU（GPGPU）。

ZMP 迅速展开了行动

ZMP 同样在名古屋地区开展了公开道路试验。试验使用 ZMP 自己的车辆，并独立开发了基于摄像头、二维 LiDAR[15]、毫米波雷达的软件。由于大数据分析、人工智能，特别是深度思考在自动驾驶领域的利用将变得不可或缺，ZMP 在 2015 年 4 月向精于数据解析的公司 Technos data science marketing 进行了注资。

15 名古屋大学使用了 Velodyne 公司的三维 LiDAR。

2015 年 5 月，ZMP 与 DeNA 公司共同创立了面向无人出租车领域的机器人出租车公司。ZMP 将通过使用机器人技术实现完全自动驾驶。该车搭载了摄像头、毫米波雷达、激光雷达以及计算机。

2015 年 8 月，ZMP 开始销售其名为 IZAC（英特尔 ZMP 自动化控制器）的车载计算机。IZAC 通过传感器感知车辆状况及 ECU 数据输入，可掌握环境状况信息，并在此基础上计算得出无碰撞风险的运行路线。将个人计算机进行改造后即可搭载在车辆上，并在车辆运行中进行一系列的实验、研究、开发。该系统已于 2015 年 8 月 27 日发售。

将数据分割为适当的大小

为了正确把握车辆位置，需要对道路特征点进行绘图。对此无须分析完整数据，而只需将数据以一定的单位进行分割，以简化分析。这是 ICT 在处理时间、空间上连续存在、发生数据时的惯用法则。例如，将全日本的道路以 20m 为长度[16]进行分割，并将其中的特征点数据库化[17]（图 2-23）。

由此，与在天空中识别星座类似，车辆可以在行驶中自身所在区块的的三维空间特征点加以识别，并以此计算移动距离。由于各个区块是按顺序排列的，如果当前在第 n 个区块上，可知随后将进入第 $n+1$ 个区块。因此，即使存在当时无法被识别的地图特征点，也可后续通过计算加以补充。

[16] 以 72km/h 速度行驶时，为 1s 驶过的距离。

[17] 至 2015 年 12 月，其实施与否尚未确定。

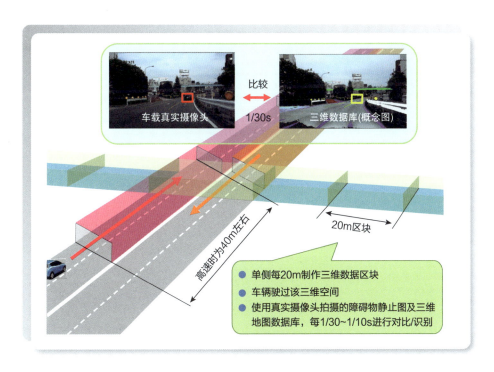

图 2-23 车辆自身位置的正确把握

深入理解 ICT与自动驾驶

通过 Wi-Fi 识别位置

掌握全球 Wi-Fi 热点位置信息的公司是存在的。在接入 Wi-Fi 前，Wi-Fi 为了向外界告知其存在，会频繁向外发送包含其 ID 属性[18]等信息识别因子。无论智能手机位于任何位置，都能将在该位置识别到的多个 Wi-Fi 热点名称加以显示。如果了解周边存在哪些 Wi-Fi 热点，并掌握其位置信息及信号强度，则可以以此逆推其自身所处的位置。因此，即使手机无法通过 GPS 准确获得其自身位置信息，仍可通过 Wi-Fi 信号加以实现。车辆在行驶过程中感知 Wi-Fi 信号，即使不接入，也可以通过探测识别因子获得各个 Wi-Fi 热点的位置，并由此逆推出其自身所在位置。

安卓终端设备及 iPhone 也同样在使用上述方法。与通过空间特征点掌握自身位置的理念相同，今后 Wi-Fi 信号的识别将可能作为补充手段得到使用。

18 MAC 地址、SSID、BSSID、Crypt、dB 级等属性。

2-3 识别外部环境，预测物体运动

使用点阵云（Point Cloud）可以逆推出自身的位置。以名古屋大学的研究为例加以说明。点阵云是通过将三维空间内存在的点以（x, y, z）三维形式定义的空间内物体（例如人或车辆）表面的点集。点的集合与云的形态类似，因此被命名为点群或点阵云（Point Cloud）。车辆使用 LiDAR 等设备，通过用激光照射物体生成点阵云。

通过点阵云也可实现对物体的感知。静止图片上的特殊点点群提取结果如图 2-24 所示。

图 2-24 地图的意义发生了根本性的改变

在车辆行驶中每秒拍摄 30 张左右的连续静止图片（图片序列即为动画）中，静止物体的位置在绝对坐标系中是不变的。当车辆在这些点群中行驶时，例如构成窗户的四个端点的四边

形的形状虽然会发生扭曲，但从位相几何学角度，这些点的顺序（上下、左右间的关系）将维持不变。由于静止体在位相几何学上前后一致，可以从 xyz 坐标空间中简单地得到识别。对此，可将移动体视为与静止体在相位几何学上存在差异，并在其中平行移动的点群。

在静止体点群中提取移动体

通过自行车举一个简单的例子。以骑自行车的人与自行车本身构成了点群，自行车和人作为整体在平行移动。这些点与周边的不动体在位相几何学上存在差异，因此可得到提取。通过点群可以得知自行车从横向看有两个车轮。当两个车轮中间存在某种旋转的物体时，可判断该车为自行车而非电动车。处于运动状态的车辆移动中将被识别为移动体，静止车辆则被识别为静止体。然而，由于系统使用的三维地图中没有被识别为静止体的车辆信息，因此也可以将其作为点群加以提取。

近来，在计算机视觉学会中点群相关论文数量逐渐增加的同时，Cloud Point Library 等软件数据库也越来越多。当运用于车辆时，使用 LiDAR 通过激光扫描，将地图上既有的点群与自身识别出的点群进行对比是非常有效的方法。不仅要对点群位置进行掌握，通过点群对物体进行识别也变得愈发重要[19]。

19 谷歌公司的 Chris Urmson 在 TED 演讲（TED 为美国的一家私有非营利机构，该机构以其组织的 TED 大会著称）上对此进行了说明。进一步，不仅是物体识别，类似位于路端的行人随后是否将横穿道路，将来在某种程度上也可能得到提前预测。

2-4　规划无碰撞路径

规划无碰撞风险的行驶路径，需要在感知周边车辆状况的同时，进一步掌握后续信号灯将如何变化、行人是否会突然冲出等问题，并通过按经验值或常识对交通规则进行解读，对行驶路径做出判断（图2-25）。

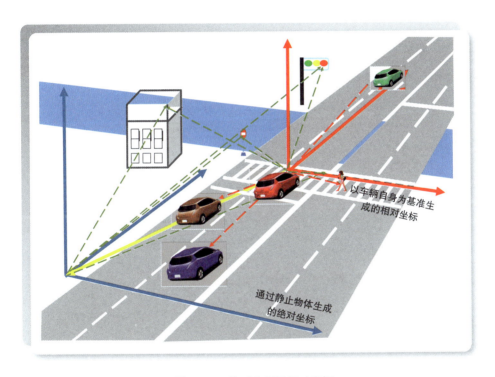

图2-25　绝对坐标及相对坐标

当车辆处于碰撞临界点时，掌握车辆与周边物体相对位置比掌握车辆自身在GPS绝对坐标系中的位置更为重要。绝对坐标以地图为基准，相对坐标则以自身与所识别物体的距离及相互位置关系为基准。随着车辆行驶，绝对坐标与相对坐标将彼此偏移。虽然曾经规划的路径在绝对坐标上维持不变，但车辆实际运行时，仍然以相对坐标系为参照。因此，车辆在行驶中需要时常对自身应如何行驶、如何避免碰撞进行逐次计算更新，在预测周边物体运动的同时规划无碰撞风险的前进路径（图2-26）。

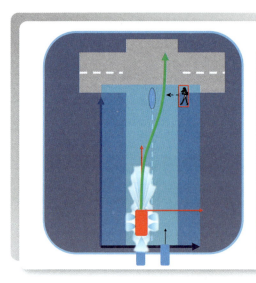

图2-26　周边物体的运动也需要预测

除了预测行人将如何运动、后续信号灯将在何时变化以外，自动驾驶车辆也需要像驾驶员一样对周围车辆的运动进行预测。当自身也在运动时，需要对周边的移动体之后将如何运动做出预测。在预测移动体运动时，需要了解该移动体是什么。

例如：移动体是人，还是滚动中的球体、猫、自行车、电动车？是电动车的话也许会做出加速超车行为……需要在对各类物体特性有清晰认识的基础上，再做出预测。

深入理解
ICT与自动驾驶

第 3 章

自动驾驶
所必需的图像技术
及人工智能

3-1　各类传感器的技术动向与未来预测

自动驾驶汽车通过传感器取得外部环境信息。虽然前文一直在强调 LiDAR 的重要性，但在各类传感器中，摄像头同样至关重要的（图3-1）。

可见光、近红外线、远红外线的应用

- 由于单目摄像头难以对物体距离进行测量，通过多台摄像头利用三角测量原理实现距离测量的立体视觉方法得到广泛应用
- 有诸如OpenCV等可供使用的计算机视觉库
  - ✓ 今后OpenVX等硬件加速器也可获得有效使用
- 由于远红外线可感知温度分布，可用于夜间行人探测等领域

动态范围的扩大

- 例如：索尼的车载用CMOS图像传感器"IMX224MQV"
  - ✓ 可感知0.005lux照度（比星光更微弱的暗夜环境）
  - ✓ 124万像素（1305x977），1/3型
  - ✓ 帧速率全速：120fps（10bit）、60fps（12bit）
    - 1/2倍率模式：每秒传输帧数240（10bit）、每秒传输帧数120（12bit）
  - ✓ 2014年推出样机，2015年12月实现量产
  - ✓ 预计可满足AEC-Q100认证
  - ✓ 温度耐受性：-40~105℃
  - ✓ 满足Euro-NACP要求
    - 行人感知（白天）自动制动（2016）
    - 昼夜均可实现行人感知（2018）

图3-1　摄像头的现状

注：参考 http://stackoverflow.com/questions/23924385/opAencv-vs-openvx-for-embedded-system。

今后摄像头可感知光线的波长范围将扩大。随着感知范围从可见光逐步扩大至近红外线、远红外线，将实现对人眼所不可见物体

的感知。同时，HDR（高动态范围成像）技术也将得到应用。通过拍摄曝光度不同的一组照片，可以以此合成近似于人眼所见的图像。该技术在智能手机上已得到普及，将来也将被运用于汽车领域。

ZMP发售的"RoboVision2"上搭载了两枚索尼公司的超高感光度CMOS（互补金属氧化物半导体）图像传感器"IMX224"。通过该CMOS图像传感器，可实现常规102400，扩展后达409600的ISO感光度，相对普通摄像头仅为ISO80～800而言，这是极高的感光度了。使用该图像传感器，即使是在类似夜晚海岸边的黑暗室外环境，仅点亮一根蜡烛为光源也可实现如同白昼般的拍摄效果。

如果使用多目立体摄像头，可在一定程度上实现深度、距离的感知。富士重工的"EyeSight"等设备通过使用双目摄像头[1]，实现了对物体在三维层面的认知。此外，一些公司也开发了通过使用摄像头阵列，在一定程度上实现立体视觉的系统。该理念认为将多个摄像头并列，将实现更高的感知精度[2]。

[1] http://www.subaru.jp/eyesight。

[2] 此外，Mobileye公司使用单目摄像头，通过车辆移动获得立体效果。

车内也安装摄像头

通过摄像头拍摄车内的情况也是有必要的。例如，车内摄像头可以感知驾驶员在驾驶车辆时的视线位置。瑞典Tobii公司正在对此展开研发，并计划实现车用。该技术通过面部识别，并在此基础上监控眼球运动，对眼球注视方向进行计算测量。当前，该技术已作为个人计算机的输入终端获得了应用。将视线位置作为光标所处位置，通过按压鼠标按钮，可实现点击操作。

此前该技术的实现需要佩戴特制眼镜，并使用其内藏传感器，通过判断眼球黑白结合部的反射光差异实现对眼球运动的感知。目前已实现通过安装在一定距离之外（例如安装于显示器）的摄像头，在面部识别的基础上对视线进行认知。该技术在今后可被用于对疲劳驾驶等现象的识别。通过该技术，当Level 3的自动驾驶汽车欲将控制权交还驾驶员时，需事先提前多久给出通知，以便驾驶员有充裕的准备时间接管车辆，通过该技术也将可能得到判明。目前 Tobii 公司及英特尔公司正在出资开发该技术。

79GHz 的毫米波雷达

当前使用的毫米波雷达有 24GHz、60GHz、76GHz 等多种规格（图 3-2）。

与使用可见光、红外线、激光等光源的传感器相比，毫米波雷达波长更长，可穿透雨、雪、雾，不容易受坏天气的影响

- 传感器具有坚固的结构，防污性能强

不仅可测量距离，还可以利用多普勒效应测量相对速度

由于空间解析能力低，在高级自动驾驶中常作为辅助传感器用于相对速度测量等功能

76GHz频段为当前的国际标准（日本国内限定为60GHz）

- 24GHz频段预计将来将逐渐作废
  ✓ 欧洲将于2013年作废（24.25~26.65GHz为2018年），此后将转至采用79GHz频段
  ✓ 日本也将使用期限定为2016年截止

当前正在对79GHz频段在国际上的频率分配展开讨论

- 与60GHz/76GHz频段相比，可获得使用的频率范围更广
  ✓ 79GHz在距离、速度、角度探测精度上的优势已得到了确认
- 日本已在2012年12月实现其标准化
- 76GHz用于前方远距离探测，79GHz用于车辆周边环境高分辨率监测，两者共存

图 3-2　毫米波雷达的现状

注：参考 www. soumu. go. jp/main_content/00148569. pdf 、www. wireless – mag. com/Features/30286/advanced – radar – the – car – industry% E2% 80% 99s – autonomous – future. aspx.

由于频率不同的毫米波雷达各有其特性，并且在其他用途上使用的相同频率雷达可能彼此间将发生干涉，因此需要探讨如何对超声波雷达的使用场合进行限制。例如，76GHz 雷达在普通道路上可能会对其他服务造成干涉，因此只能运用于高速公路上使用。但对于自动驾驶汽车而言，雷达在高速公路及普通道路上都得使用，因此必须选定任何场所均能使用的、不运用于其他服务的专用频率带，并根据近距离（40m 以内）识别、远距离（100～200m）识别、视野角测量等不同用途进行区分使用。此外，如果不对各频段用途进行全球统一定义，则可能出现自动驾驶用雷达频段在不同国家各不相同的情况。由此，将存在各国对雷达性能进行再评价的必要性，这将导致开发费用的上升。作为可用于多个国家的频段，79GHz 在当前获得了广泛关注。由于日本对车用系统进行了标准化开发，因此上述问题将得到避免。

LiDAR 的成本将进一步降低

LiDAR 使用发射器发射激光束，并通过接收器对遇障碍物后返回的激光束进行探测（图 3-3）。

- ■ LiDAR: Laser Imaging Detection and Ranging（激光成像探测与测量）或 Light Detection and Raging（光线探测与测量）
- ■ 通过发射激光脉冲，计算散射光从发射到遇障碍物返回的时间间隔（Time of Flight，飞行时间）
- ■ 可对三维空间内的物体形状及距离进行有效感知
- ■ 可在较长距离内（当前车用最长距离为120m）实现感知
- ■ 使用对人体无影响的Class1激光
- ■ 昼夜均可使用
- ■ 与在机器人上的应用相比，需要考虑远距离测量及存在多个被测对象等问题

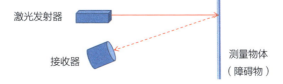

图 3-3　LiDAR

通过测量光线发射、返回的时间差，使用 TOF（Time of Flight，飞行时间）原理可以测量物体的距离。根据物体形状的不同，反射光将被发散，某些时候仅有微量的光线被接收器接收。通过接收到的微弱反射信号，可以了解物体所处的方位及距离。当前，运用以上原理的设备有 Velodyne 公司的"HDL-64e""HDL-32e"等，价格均十分昂贵。随着今后系统结构的简化，激光雷达发射器等半导体在实现量产的同时，价格也将下降。此外，测量用 LiDAR 与感知车辆周边异常情况的 LiDAR 在技术参数上是不同的。常规摄像头无法感知夜间环境，而 LiDAR 不论昼夜均可使用。

超声波的优点及缺点

超声波在自动驾驶领域的运用并不广泛（图 3-4）。

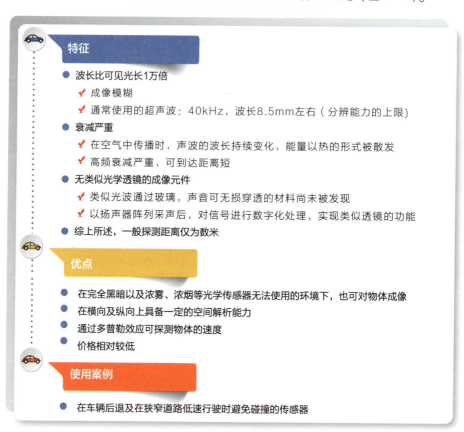

图 3-4　超声波

使用超声波可对车辆周边约40cm范围内的物体实现感知。可在车辆倒车泊车时，或需无碰撞安全通过狭窄道路时使用。超声波的优点可总结如下：低价；不使用光线也可对物体进行成像；在纵向、横向上具备一定的空间解析能力；通过多普勒效应可探测物体的速度等。当前超声波在车辆上基本未得到运用。由于分辨率低，超声波则无法分辨被感知到的物体为何物。"仅知道是否存在，不知道是什么"的特性是否能运用于自动驾驶系统，今后将展开进一步的讨论。

通过传感器融合实现自动驾驶

各类传感器各有其优缺点，不存在使用一个传感器实现所有功能的所谓万能传感器（表3-1）。

因此，在自动驾驶领域需使用传感器融合技术。传感器融合技术将摄像头、毫米波雷达、LiDAR、超声波雷达等各类传感器数据进行融合，通过信息处理实现在任何环境下对周边环境的认知（图3-5）。

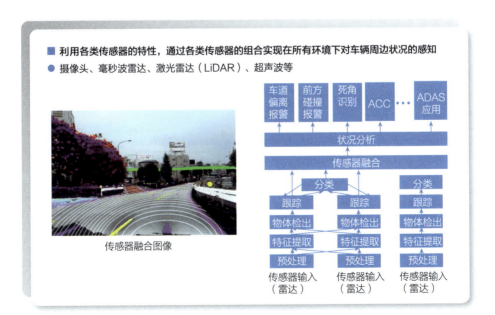

图3-5　传感器融合

表3-1 各类传感器的优缺点

类型	优点	缺点	使用案例	数据量	探测范围
摄像头	●色彩及文字识别 ●较为廉价	●实现距离识别需要双目 ●设置困难 ●需要增加必要的频域 ●图像识别处理运算量大	●车道线识别 ●行人识别 ●交通标识识别 ●泊车辅助 ●掌握驾驶人状况	720p30＝664Mbit/s 1080p60＝4Gbit/s（对压缩方式的依赖性高）	多样
LiDAR	●长距离（>150m）视野广 ●可掌握空间信息	●难以直接掌握速度 ●昂贵	●获取车辆周边的建筑物形状数据	1.3M POD/S <100Mbit/s	200m
毫米波雷达	●掌握正确的距离 ●可应用于移动物体	●视野范围与LiDAR相比较小	●ACC（自适应巡航） ●碰撞警告 ●交通堵塞时的行驶辅助 ●死角识别	5MHz <100Mbit/s	20~100m
超声波	●廉价	●低分辨率 ●低速度	●后向行驶辅助 ●泊车辅助 ●可识别探测对象的速度	低	2m
红外线	●主动系统：感知生物及无机物 ●被动系统：识别温度	●主动系统不适用于恶劣天气 ●被动系统不善于识别无机物 ●低分辨率	●夜视	<100Mbit/s	300m

082

20世纪90年代后半期，将摄像头和毫米波雷达数据融合的技术已在车辆上得到了较广泛的运用。在2001年款的日产shima上，也使用了摄像头及雷达对物体进行感知。在当时的论文中，有许多是各传感器供应商对传感器融合技术的相关讨论。今后，为实现高度驾驶辅助及自动驾驶，传感器融合将变得愈发重要。

LiDAR可很好地分辨物体的距离及形状。由于摄像头可以辨色，可用于文字识别，雷达则可以感知距离。通过对摄像头、LiDAR或雷达的整合，可以实现从多数信号灯中识别出哪个是最近的等类似功能。通过使用各传感器扫描同一物体，将各传感器的优点相结合，可以比仅使用单一传感器实现对物体更为正确的感知。

3-2 图像识别技术

当获取图像后,随之需要对图像中拍摄了何物、各被摄物体有何涵义进行识别。需要车辆在行驶时以非常接近 AI 的模式对图像进行识别。

在物体的发现与识别上需要使用机器视觉。为进一步提高识别率,深度思考的运用也将得到进一步的拓展。

在机器视觉领域,"OpenCV"技术得到了广泛应用(图3-6)。

图3-6 计算机视觉动向

然而，由于算法过时，OpenCV 在当前的自动驾驶系统无法达到所需的精度。

作为英特尔公司的核心技术，OpenCV 在"DARPA 城市挑战赛（DARPA 挑战赛）"中，得到开发。DARPA 挑战赛是美国 DARPA 主办的针对自动驾驶开发的竞技大赛。当时开发了许多物体识别所需的软件数据库，用于物体搜寻、边缘解析、图像转换等操作。

完成 DARPA 挑战赛

当视线方向变化时，通过使用行列式进行移动、过滤。无须进行逐一编程，通过利用现有的库及应用就能够进行分析。在 DARPA 挑战赛上，英特尔公司、谷歌公司和斯坦福大学结队并顺利完成了比赛。

3-3 什么是机器学习和深度学习

[3] 主流为 GMM（高斯混合模型）。

[4] 当时采用为 DNN-HMM（深度神经网络-隐马尔可夫模型）。

2011 年，与此前基于概率模型的识别方法[3]相比，基于深度学习[4]的声音识别单词误识率降低了约 10%。2012 年，多伦多大学 Geoffrey Hinton 教授团队在 ImageNet 挑战赛上，通过使用 DCCN（深度常规中性网络），与此前相比将误读率进一步大幅降低。同年，谷歌公司与斯坦福大学合作，通过使用深度学习实现了类似"谷歌猫脸识别"的人脸及躯体提取功能。计算能力的提高对上述深度学习功能的实现，做出了巨大的贡献。

此后，2013 年 3 月，谷歌公司收购了 Hinton 名下的 DNNR（深度神经网路研究）公司。4 月，中国百度公司在硅谷设立了 Institute of Deep Learning（深度学习研发中心），并聘请了因"谷歌猫脸识别"而名声显赫的斯坦福大学学者 Andrew Ng（吴恩达）。8 月，美国雅虎公司收购了美国图像识别公司 IQ Engines 及 LookFlow。12 月，美国 Facebook 公司设立人工智能研究所，并任命纽约大学教授 Yann LeCun 为所长。

如上所述，自 2011 年以来，深度学习突然获得关注，在该领域持续获得了大量重要研究成果。

取得上述成果的背景是 2010 年以后出现的 ICT 突破性构造变化。在此之前，各类数据分析所需的数学算法得到了积累，随着计算机计算能力的提高及云/IoT 技术的进步，数据量出现了爆发性增长。通过对大量的数据分析，此前无法预见的领域被慢慢揭开面纱，并以此取得了新的社会附加价值（图 3-7）。

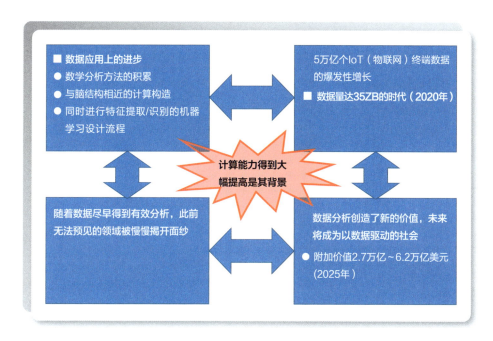

图3-7 深度思考获得关注的背景

注：参考AMS Research、Gartner、IDC、麦肯锡等各工业分析及评论方的意见后制成。

通过高速计算机全力解决

由于图像识别计算量巨大，此前耗时很长，到出结果为止甚至需要耗时数日。如果将耗时数日，那么常规研究将无法进行下去，这是一个现实的问题。近来随着计算能力的大幅提高，计算结果几乎可即时获得，某种算法是否适用于深度研究也可当即得以判断。由此，算法得到了不断的优化（图3-8）。

如图3-9所示，对机器学习做了大胆的模型化展示。在需要判断某物时，首先收集一定规模的训练数据，并按期待制定若干类型的算法。当通过某个算法未获得所期待的数据时，就对该算法进行改善。

将需要进行判断的数据作为算法的输入，若通过算法计算后，得出了预期外的结果，即认为算法存在错误。对此，需通

- 通过对数种特征的组合加以考虑，可对更为复杂的现象进行学习
- 通过与人类大脑结构极为类似的多层神经网络进行学习
- 通过机器学习对人类无法识别的判断基准（算法）进行提取，实现数据的自动分类及输出
  - 通过再次导入算法输出的数据属性信息，降低错误率，实现改善
- 但是，对于作为训练数据输入的原始数据的特征提取，首先需要通过人工操作完成
  - 特征提取的好坏对学习的精度有着重要影响
    ✓ 因任务而异，最优的提取方法也存在差导
    ✓ 作为专业技术，需要经验与直觉
- 通过将算法在技术层面进行推广，可不局限于某一特定领域，而将其应用范围拓展至其他各个领域
- 此外，也开展了分类精度测定及可视化操作

图 3-8　深度学习是什么

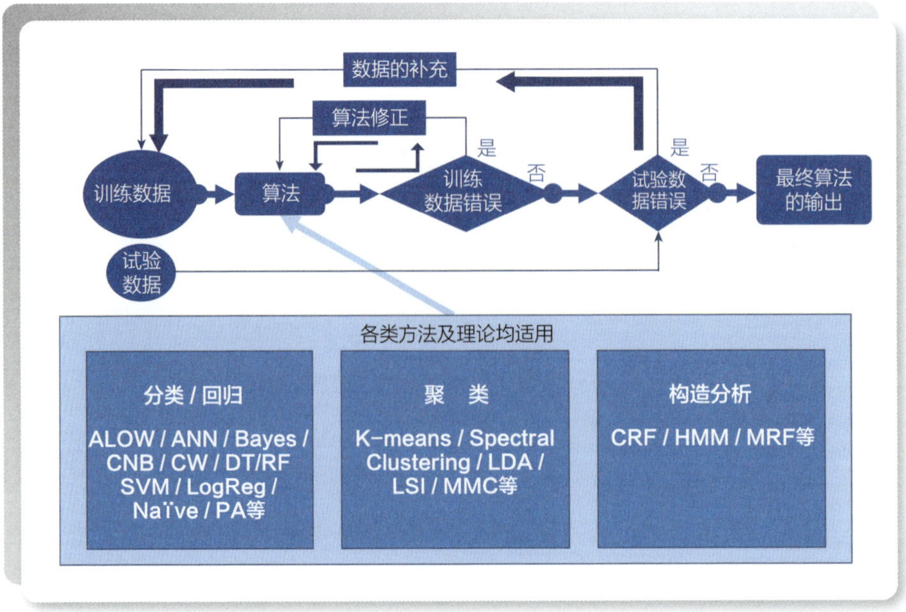

图 3-9　机器学习的大致流程

分类/回归
ALOW / ANN / Bayes / CNB / CW / DT/RF
SVM / LogReg / Naïve / PA等

聚类
K-means / Spectral Clustering / LDA / LSI / MMC等

构造分析
CRF / HMM / MRF等

注：笔者在参考了英特尔、Preferred Infrastructure 公司的公开资料后编制。

过不断增加训练数据，对算法进行进一步改善。通过不断尝试、不断出错，最终输出结果将不再出错，实现算法最优化。

通过使用最新的计算机技术，上述流程预计可实现并行化处理，得到最终解所需的时间将大幅缩短，当前不可预见、无法理解的事物也将能够由此获得分析。

机器学习可分为无监督学习及有监督学习（图3‑10、图3‑11）两种。在某个环境中通过不断尝试出错，对结果所获报酬最大化的行为算法加以学习的方法被称为"强化学习"。今后，在对一般道路路口对向车辆的运行以及对行人、自行车等物体进行识别及行为预测时，通过深度学习进行强化学习，即所谓"深层强化学习"方法的应用或许将变得越发重要。

日本企业Preferred Networks在日本的展示会上演示的"InterOp"[5]具有非常重要的意义，很期待其今后的发展。将深度学习用于对生成车辆运行算法所需的多类型的数据处理，对基于Q-Learning进行学习的模型做出评价，是特别值得期待的。

[5] https://www.youtube.com/watch? v = a3AWpeOjkzw.

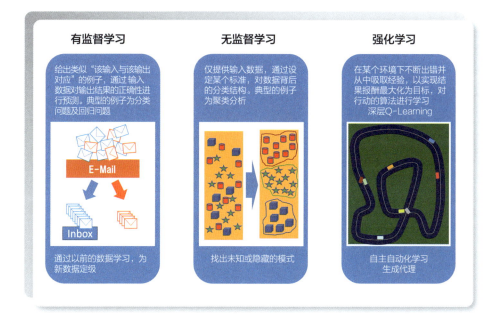

图3‑10　机器学习的种类

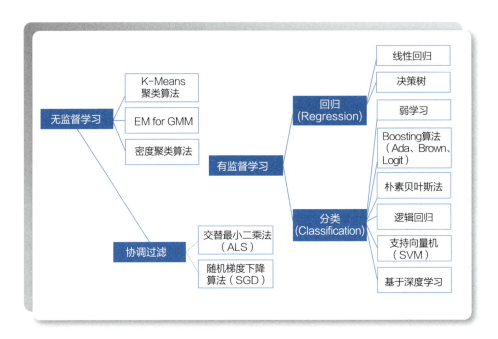

图 3-11　机器学习的分类

对于车辆来说，Q-Learning 是指在快速前进时获得报酬，与墙壁或其他车辆碰撞时接受惩罚，学习如何将报酬最大化的方法。

当前，方向盘、加速踏板、制动踏板、换档杆位置、车速、左右倾角等车辆自身信息以及与墙壁、其他车辆、车道线的距离与角度等共计 273 个传感器数据得到了采集，并通过 7 层神经网络对此加以分析。

最初，车辆将随意行驶并与墙壁或周边车辆发生碰撞。随后，车辆逐渐学习掌握了向前行驶并回避障碍物。最终，车辆将进一步掌握为实现无碰撞行驶所需的转向、加速、制动等功能的操作方法。

更进一步，在障碍物会随机出现的环境下如何无碰撞行驶的方法得到了充分学习。当加大发生碰撞的惩罚时，车辆间将保持充分的距离，最终实现在无信号灯的路口也可以不相互碰撞，顺利通过。此外，即使突然增加障碍物，车辆在学习后也能充分应对，不与之发生碰撞。

以上仅为在计算机上进行的模拟[6],该算法还无法直接运用于实际载人的自动驾驶车辆。将来,进一步将人类的认识、恐惧感、不舒适等体感作为参数加入算法,以实现更深入细节的大规模计算是必要的。通过对适用于机器学习的车辆行驶数据加以分析,车辆可能通过自动学习实现不发生碰撞的平稳运行。这具有划时代的意义。

[6] 在模拟时也进行了简单的物理实验。

3-4 自动驾驶的适用范围和必要的智能判断

图3-12是不同于NHTSA的分类Level等级的另一种自动驾驶车辆分类方法。图中横坐标为速度，纵坐标为实现自动驾驶必须考虑的约束条件的预测困难性。例如对于高速公路上的自动驾驶，需考虑的约束条件为常规运行时不跨越车道线、与周边车辆保持一定的距离及相对速度。在此基础上通过对车道变更、超车、驶入及驶出高速公路等行为进行定义，以确保安全性。

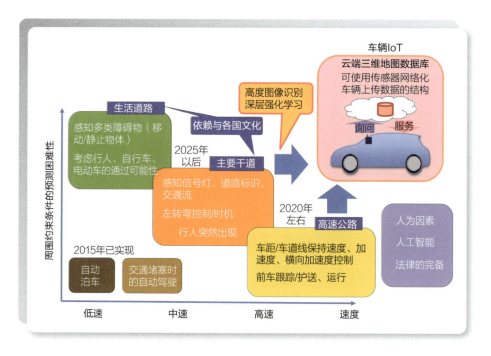

图3-12 自动驾驶的分类及预定实现时期

与高速公路上相比，在有交叉路口的主要干线道路上实现自动驾驶难度要高很多。对此，信号灯、停止线、行人、非机动车等都要加以考虑。当对向来车时，实现安全右转（译者注：

日本交通规则为左侧通行）所需的运行算法，在开发上是极其困难的。

更进一步，在不配备信号灯、车道线、道路中线、护栏等设施的街区道路上，对障碍物行为的预测将变得更加困难。为实现街区道路[7]的自动驾驶安全通行，需解决的课题还有很多。

7　也包含受灾道路。

除了图3-12中处于对角线上的各工况外，还存在图左下角高速公路上交通堵塞时的自动驾驶、自动泊车等工况。开发此类功能所需的必要技术要素又是完全不同的。

在上述各类工况中，堵车时的自动驾驶功能在多家汽车企业已经实现。目前普遍认为，自动泊车、高速道路自动驾驶及主要干线道路自动驾驶得以实现的时间分别是2015—2016年、2018—2020年以及2020—2025年。在高速公路上实现自动驾驶虽然不需要将深度学习用于物体识别及行为预测，但在通过摄像头、雷达、LiDAR识别车道线、始终把握与前车间的距离的同时，为做出"在法定速度以下行驶没问题？""是否需要超车？""超车时是否存在危险？""驾驶员自己驾驶的话是怎样的？"等判断，或许需要通过机器学习得出答案。特别针对Level 3的自动驾驶车辆，驾驶员会期待车辆的驾驶风格与自己相似。在此，期待能基于深度学习实现算法生成。

2025年前后，自动驾驶的应用将由高速公路扩展至主要干线道路。对此需要识别的物体将变得相当多样化：包括行人、非机动车、电动车、事先无法确定的物体、交通信号、交通标识、周边的交通流、路口、停车线位置、道路出入口等。必须在考虑交通规则的基础上，对以上物体的识别实现算法化。

上述情况在不同的国家与地区间存在差异。必须通过学习当地的交通规则以及习惯、默认规则，对行驶算法进行进一步开发。

上述算法，如果是由人工编程，是无法得到最优解的。这需要在收集大量数据的基础上，通过深度学习才能够得以实现。

3-5　机器学习与自动驾驶

在声音识别领域，深度学习的有效性体现得淋漓尽致（图3-13）。

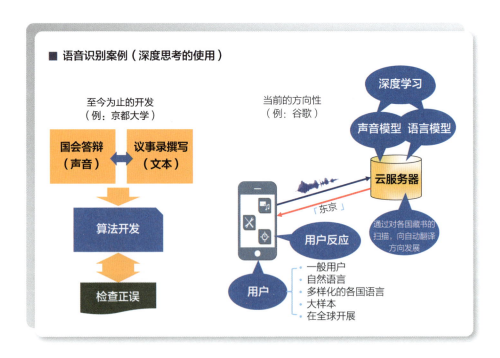

图3-13　深度学习的有效性

至今为止，在语音识别开发中，语音识别的开发研究者持有语音数据以及与之一一对应的文本数据，并通过语音识别的结果与文本数据进行对照，对语音识别算法进行改进。由于开发/研发者自己听声并记录文字的方法耗费时间，因此更好的办法是使用现有的数据。其中，国会答辩的语音数据最为合适。在国会答辩上，议员发出"啊"或者"唉"等语气词也会被记录成文字，由此非常精确地实现了语音数据与文本数据的一一对应。

有观点认为，现实中的数据使用过于纷乱复杂，因此影响了开发的速度。可见，数据量成了开发的瓶颈。

如果使用深度学习进行识别，可在语音模型上使用深层构造，通过多阶非线性变换识别、提取有效的特征，由此大幅提高识别性能。最近，随着语言模型及词典体系的进一步一体化，深度学习通过对包含了彼此相互作用的 DNN（深层神经网络）系统，实现了高精度识别。

简单易用的"Siri"

2011 年以后，出现了通过互联网实现语音识别的"Siri"及安卓的语音检索系统。通过将服务器上的语言、语言模型运用于深度学习，可进一步提高识别率。例如，当用户对着手机说出"Tokyo"时，声音将被转换为文本并在客户的手机屏幕上显示为"东京"。随着更多的用户使用该系统，由此产生的巨量数据将得以应用。而且，用户在使用的同时，也为该系统提供了免费的正误检查。由于语音输入者为使用自然语言、多国语言的普通用户，通过云端数据库等系统，可迅速实现全球化。

通过深度学习的运用，2014、2015 年以来单词的正确识别率得到了快速的提升。不仅是单词，将一句话以正常的语速不加思索地说出，也能被正确识别为由自然语言构成的句子。

如今，在文本输入中途，即可实现对动词变换及词尾的预测（译者注：日语通常以动词结尾，并通过词尾变换定义时态、语气等）。即使不知道是"走""走吗""走了"中的哪一个，仅输入"走"，就自动跳出"走了"。如果是需要加疑问句词尾，为"走吗"的情况，或许因环境而异需要耗费数百毫秒的时间，系统还是会几乎无误地将句子修正为"走吗"。

同样适用于翻译

虽然翻译是除语音识别外深度学习又一运用领域,但翻译与语音识别存在显著的不同。翻译是将自然语言的单词排列方法进行数值化的行为。例如,若翻译中出现"东京",需要具备经常伴随其出现的单词清单,并将与之对等的英文,抑或是中文、法文进行数值化,并将其变换为与原文同值的排列方式。

通过"日文为该模式的话,英文就是这样的模式"这种形式,可以使用深度学习得出翻译结果,并通过对翻译结果评判为完全正确,或评判为非完全正确并将其修正的机器学习,实现算法的最优化。今后,随着使用频率的提高,翻译结果将变得越来越正确。

每次使用谷歌的语音实时翻译时,都会发现越来越好用了。谷歌公司还发表了"英语与西班牙语、法语、俄语、德语、意大利语、葡萄牙语共 6 国语言间,可实现互译"的声明。虽然日语没进入该名单,但与数年前相比,日语与英语间翻译的正确率得到了持续提高。两种语言之间的语法越相近,则翻译的正确率也越高。同一算法可适用于多国语言的翻译,深度学习实现了至今为止从未做到的事情。从能够同时正确翻译多国语言的角度来说,深度学习超越了人类。

面部识别已在机场得到实际应用

面部识别也得到了实际应用。NEC 开发了名为"NeoFace"的面部识别系统(图 3 - 14)。该系统已在澳大利亚悉尼及日本东京成田机场得到应用。该系统在通关者出境时进行面部识别,并在目的地入关时进行比照确认。

第3章 自动驾驶所必需的图像技术及人工智能

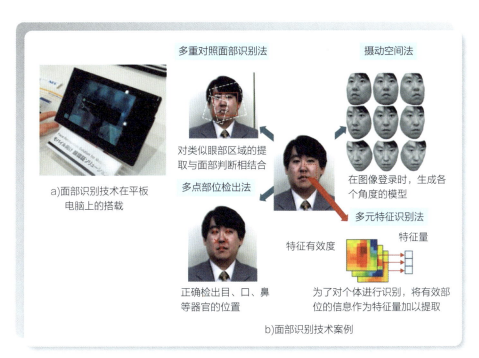

图3-14 NeoFace的使用案例

注：1. NEC实现了面部识别技术在移动设备终端上的使用（图3-14a）。在进行图像登录时，使用了生成各个角度模型等各类技术（图3-14b），图片来源于NEC。

2. 来源于《日经电子学报》，2012年12月10日出版，第63页。

Yann LeCun是图像识别领域的代表性先驱，他曾短期任职于美国普林斯顿大学NEC研究所。如今，NEC的图像识别技术仍广受赞誉。

大数据分析及个人信息的使用

当然，谷歌公司广泛使用了个人信息，以用于大数据分析。个人数据在安卓系统的智能个人助理"Google Now"上也得到了使用（图3-15）。例如，使用Gmail发送公司出差预定表时，将对该表的内容进行分析[8]（图3-16）。

[8] 仅限于个人允许数据访问的情况。

　　　a) Google Now　　　　　　　　　b) 通过口头提问（英语）进行检索

图 3 - 15　Google Now 的案例

注：1. Google Now 可以将用户当时所需的必要信息进行自动展示。例如，当用户有日程安排时，到达约会地点的路线将得到自动展示（图 3 - 15a）。也可对英语的口语提问进行检索。在案例中，当对着智能手机说"Who is the prime minister of Japan?（日本首相是谁?）"时，系统显示了野田首相（时任）的姓名及面部照片（图 3 - 15b）。

2. 图片：谷歌公司，来源于《日经电子学报》，2012 年 7 月 23 日出版，第 78 页。

```
<script type="application/ld+json">
{
"@context": "http://schema.org",
"@type": "FlightReservation",
"reservationNumber": "RXJ34P",
"reservationStatus": "http://schema.org/Confirmed",
"underName": {
"@type": "Person",
"name": "Eva Green"
},
"reservationFor": {
"@type": "Flight",
"flightNumber": "110",
"airline": {
"@type": "Airline",
"name": "United",
"iataCode": "UA"
},
"departureAirport": {
"@type": "Airport",
"name": "San Francisco Airport",
"iataCode": "SFO"
},
"departureTime": "2013-04T20:15:00-08:00",
"arrivalAirport": {
"@type": "Airport",
"name": "John F. Kennedy International Airport",
"iataCode": "JFK"
},
"arrivalTime": "2013-05T06:30:00-05:00"
}
}
</script>
```

图 3 - 16　Google Now 航程预定

在征得当事人同意后，可了解"该人何日去了何处"等信息，在哪家旅店住宿、航班预约情况如何，以上信息可以通过数据中心获取。如果进行了旅店预约，可通过编号化掌握编号为某 ID 的个人行为，并通过添加链接实现数据库化。

对此，有批评认为"个人信息被过度获取"。通过使用安卓系统，可以得到类似"今天你的日程是这样的""下一个会议室在这里"的提示。根据设置或许可获取 Outlook 邮件系统传来的数据。Gmail 的数据不仅可获取，通过定义 ID 还可将数据自动录入数据库。虽然使用上确实十分便利，但还是会让人产生"个人信息被过度获取"的顾虑。美国人似乎对此并不在意，并轻松地使用着该系统。当然，如果个人信息被泄露的话，服务提供商需要承担责任是不言而喻的。

在猜谜中获胜的 AI

IBM 公司的 AI（人工智能）系统"Watson"在名为"Jeopardy!"的猜谜节目中名声大震（图 3-17）。该节目作为回答问题，并获得奖金的猜谜节目，参加比赛的选手会在相当细节的问题上展开竞赛。"Watson"在与相当优秀的人类选手比赛中获得了胜利。

首先将某个问题分解为单词。与人工智能翻译相同，对逻辑上以及单词间的相近性进行分析后进行数值化。例如"这是作家吗"，对单词在辞典上的定义也做了若干分类。虽然不知道是否了解其真正的意义，AI 确实会对单词进行分类。在进行分类的同时，将单词输入类似维基百科的数据库中，通过对文中单词出现频率等进行判断，对可能为答案的单词给出预测。以上为通过单词预测到的假定答案。将假定答案输入问题中，进行再次搜索，正确率将得到提高。通过对再次得出的答案进行再评价，以此确定最终答案。

当然，并非无论问什么都能够回答，而仅需对"Jeopardy!"猜谜节目的问题形式进行学习，即以"Jeopardy! 如果提出该形式问题的话将回答什么"作为前提进行学习。在理解问题形式的

图 3-17　IBM 的"Watson"

注：来源于 http://techon.nikkeibp.co.jp/article/NEWS/20110526/192125/。

基础上，通过搜索得出正确的答案。

与参与"Jeopardy！"类似，Watson 还编写了各行业领域的辞典数据库。例如最近有新闻报道，三井住友银行呼叫中心将开发程序，以利用 Watson 代替人类接线员。对银行来说，需要与客户进行何种对话？对此需要将句子及单词的体系进行模型化。通过使用该模型，无论客户如何提问，都能得到恰当的回答。系统对银行需要读取的信息，例如数字、需要存款还是取款等，给出准确的判断。如上所述，并非有了 Watson 系统，就可以直接应用于任何领域，而是需要在各个领域加以特殊改造，以实现其商业化应用。

深入理解
ICT与自动驾驶

第 4 章

实现自动驾驶所面临的课题

4-1 网络安全的风险与对策

为实现自动驾驶，今后仍有许多课题尚待探讨（表4-1）。

表4-1 为实现自动驾驶（Level 3以上）所面临的课题

课 题	概 要
自动驾驶所需的三维HAD（自动驾驶级）高精度地图的构建	日本国内也必须具备在欧美已实际应用的自动驾驶用地图（三维数据库）及可互换地图。此外，需要构建可将自动驾驶车辆识别到的差分数据进行云上传的系统
DSRC（专用短程通信技术）国际互换性的实现	由于频段存在差异（5.8GHz和5.9GHz），需探讨日本国内DSRC规格是否与欧美国家相同，具备与WiFi的互换性，是否可以将其拓展至海外市场
确保79GHz毫米波雷达在全球的频率分配	需制定毫米波雷达的使用频段国际标准（日本已于2012年12月完成标准化）
4G/5G使用范围的扩大及760MHz频段的充分使用	充分吸收先行打入海外市场的日本电信及导航企业的经验，必须针对4G/5G，通过3GPP等对ITS（智能交通系统）的重要特性（车—车间、路—车间、人—车间通信）进行定义。同时需要对日本国内760MHz ITS终端的有效利用进行平行讨论
关于网络安全的国际范围内不同产业间的协作体制	关于在ICT领域与车载控制系统领域间的网络安全定义、研究、实证，不仅需要各国间的协作，也必须尽早构建汽车行业与ICT行业间的协作机制

只要车辆需通过网络与云端连接、通信，就存在确保网络安全的必要性。但是，尽管不采用常规操作系统及中间件的车用微处理器也可能成为攻击对象，但通过软件更改将其变为"恶意设备"却并不容易（图4-1）。

恶意软件的编写是困难的。即使编写好，仅将软件进行替换，这在构造上也并不简单。如果不进行某些部件的交换，传感器自身无法成为"恶意设备"。车内安装的设备若不做出类似"进入家中的强盗"的行为，是无法实现恶意攻击的。如果当前

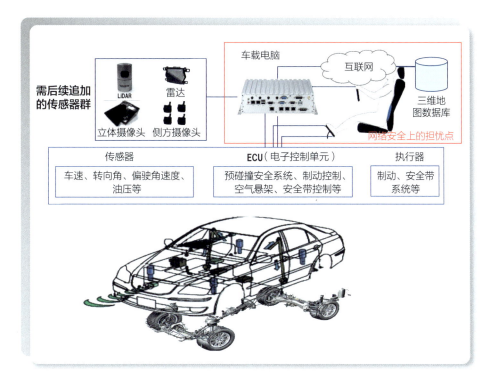

图 4-1 网络安全上的担忧点

打算进行车辆攻击,也仅能进行普通的物理攻击,而非网络攻击。当前关于车辆安全的防范思路,仍局限于类似"上锁后无法进入内部"的物理防御。

网络容易被头脑聪明者入侵

计算机及智能手机作为当前 ICT 的代表,实际上是容易被入侵的。在个人计算机及智能手机的 CPU 上搭载了操作系统、中间件,其软件开发工具也易于获得。通过在个人计算机上编写恶意软件,并将其投放到位于目标终端的操作系统,即可实现入侵。只要黑客头脑聪明,任何想法都能通过恶意软件被理解并执行。由于软件的改写容易实现,通过互联网很容易将攻击对象变为"恶意设备"。

针对上述 ICT 的问题,有必要通过 ICT 的方式加以解决。

即使使用相对基本的方法，也可制订出若干有效的对策。当然，制订对策后又会有针对对策的入侵，入侵与反入侵的持续对抗是不可避免的。

车辆中的 ECU 搭载了与安全性、舒适性等相关的重要功能。例如发动机控制模块、自适应巡航控制、电动制动控制系统、通信控制等，为实现不同特定功能的各类装置均有搭载（表 4-2）。

表 4-2　汽车上搭载的重要 ECU

重要的 ECU		功　能	连接端 CAN	
			低　速	高　速
ECM	发动机控制单元	通过各类传感器（燃油量、点火时间等发动机相关指标）获得的数据，对发动机进行控制		○
EBCM	电子制动控制模块	通过操纵 ABS 的液压泵电动机及液压泵，对油压进行控制，以此预防制动抱死及车辆滑移		○
TCM	变速器控制模块	基于来自传感器及 ECM 的数据，对电子变速器进行控制，决定换档时机		○
BCM	车身控制模块	作为两个子网络间的固件对各类车载功能进行监控，向驾驶人传递信息，兼备两种 F/W 支持功能	○	○
Telematics	通信模块	通过移动通信网络进行车辆与外部的通信	○	○
RCDLR	遥控门锁接收器	接收来自遥控钥匙的信号，实施车门的开启或关闭。同时接收轮胎及空气压力传感器的信号输入	○	
HVAC	加热、通风、空调	控制车内环境	○	
SDM	充气约束系统传感和诊断模块	安全气囊及安全带的预紧管理	○	
IPC/DIC	仪表板/驾驶人信息中心	显示速度、燃油量、发动机转速及各类报警信息	○	
Radio	收音机	收音机及铃声、警报声的管理	○	
TDM	防盗模块	确保除正规钥匙外，无法对发动机进行起动	○	

注：笔者参考 *Experimental Security Analysis of a Modern Automobile*（Karl Koscher 等著，第 5 页）后编制。

然而，以上各类装置所使用的微处理器无法理解未得到定义的数据以及未知软件。理解预想外的未知事物是困难的，因此即使输入一些新的指令，也只会返回报错信息。为了让设备理解新指令，必须对固件级别上进行了软件改写的部件进行更换。如果仅在外部进行软件层面的改写，将攻击对象变为"恶意设备"是非常困难的。

CAN 的脆弱令人惊讶

CAN 网络异常脆弱，容易受到攻击（图 4-2）。

图 4-2　车载网络的构成示例

以安全气囊起爆装置为例。实际上，CAN 并非与感知到多少个重力加速度后点爆安全气囊的点火装置直接相连。虽然与安全气囊装置连接，但安全气囊 ECU 仅将"安全气囊已展开"这个状态传递给 CAN。侵入 CAN 系统，从外部通过远距离操作的软件方法造成安全气囊的误起爆是非常难以实现的。

然而，这里的问题是，CAN 能够将"安全气囊已经展开"的错误信息告知任何 CAN 网络中的其他接收方。这是由 CAN 网络被定义为将数据进行广播，任何控制单元均能接收的形式造成的。CAN 本身就被定义为不特别限定接收方地址，而将信息进行全发的系统。对信息接收装置不做特定认证。同样，数据的接收方也不关注数据的发送方是谁。并且，由于未对数据进行加密化处理，只要通过 OBD（在线诊断）等适当的设备，以适当的方法进行询问，就能够简单读取 CAN 网络内的信号。

更进一步，如果通过适当的设备向 CAN 网络内发送数据，则该数据会被简单认定为既有已知数据而得到信任。使用搭载了高性能处理器及操作系统的车载导航，特别是原厂选装导航，可以与车载 CAN 网络相连接。通过运行写入车载导航的恶意软件，能够将车载导航变为"恶意设备"。如之前所述的例子，当车速为 100km/h 时，编写"安全气囊已展开"的错误信息并将其写入 CAN 网络。相关 ECU（电子控制单元）接收到该信息后做出"为安全起见，终止点火"的应对措施。发动机由于点火终止导致车速急剧下降，并由此产生了后车追尾的危险。由此，该类型的恶意攻击可能导致致命事故。

因此，为了对 CAN 网络进行保护，出现了如下建议：不能将信息进行广播，而需要进行单独传播，或者至少通过编组化后决定发送地址；对每条信息指定特定的发送方和接受方，并对其进行认证，确保仅有当事方才能够理解信息。

另一方面，也存在如此一来将加大 CAN 的负荷，导致数据处理实时性下降的担忧。对此，暂且维持 CAN 的现状，仅加强其对外部数据进出的控制成了研究的方向。

OBDⅡ（第二代在线诊断）能够读出的数据类型很多。作为 OBDⅡ定义的数据类型大约有 40 种，此外有约 100 种因车型而异，可以个别追加定义的数据类型。其中如涡轮温度等数据在该设备供应商内部才有意义。从第三者角度看，许多数据都是没有意义的，即使想要恶意使用这些数据，也无从下手。类似发动机温度、机油温度等，仅是汽车企业内部关心的数据。即使将这类数据进行时间上的偏移或篡改，也不会发生任何事情，或者无法对系统反应做出预测。此外，因传感器布置位置不同，数据的值及意义也将不同，这类数据本身就难以篡改。

为了解决 CAN 的脆弱性，产生了表 4-3 和表 4-4 所示的对策。

具备重要安全功能的管理工具，明确安全架构，对通信线路及内容进行加密化处理。在此基础上如对用户、网络、机器/端口、ECU、信息、程序进行各自单独认证，就万无一失了。但是，是否真的有必要将上述内容全盘实施，目前还存在争议。如全盘实施，不仅将导致造价提高，若所有设备均如此严密化，或许车辆就无法运行了。即使已列入了安全风险清单，实际是否执行则是另外的问题了。

但是，对部分与车辆安全息息相关的 ECU 来说，当前已在讨论，如何确保通信时 ECU 彼此正确识别对方，正确通信的装置如何在车上安装。与此相对，有一种观点认为，与其加强 CAN 自身安全性，不如防护好与之相连的 ICT 出入端口。目前持有该观点的欧洲供应商数量为数众多，这令人感到意外（图 4-3）。

实际上，今后车辆导入的许多附加功能都需要通过 ICT 实现，而 ICT 相关功能是最容易被入侵的。因此，问题的解决需要运用 ICT 领域的知识（图 4-4）。

表 4-3 针对 CAN 脆弱性对策的一般考察（一）

区 分	安全对策			概 要
重要功能定义	重要功能管理工具			对程序从重要功能定义到实车安装的溯源性进行管理的工具。通过对复杂程序进行管理的设计/功能的对应化等加以对应，防止安全功能的漏装
功能设计	安全构架			明确系统的使用案例及模型，分析威胁/风险，遵循安全方针，设计应对方法应对场所
	安全功能的应用	加密化	通信线路加密化	对数据加密化通信线路进行加密化。在 EVITA 项目上，将 EVITA HSM 搭载在 ECU 上，将 ECU 间的通信线路加密化。此外在无线 LAN 上有 WPA（WiFi Protected Access）2，在 IP 上有 IPSec 等各种方式
			内容加密化	对通信线路中的数据，或对存储的数据进行加密化。例如，将与 HTTP 服务器的传输数据进行加密化的 HTTPS、对存储图像数据进行保护的 DRM（数字版权管理）等
		认证	用户认证	对使用者进行认证。需注意，如果将被广泛使用的字段作为 ID/密码认证，则容易被预测并盗取。也有 IC 卡认证、一次性密码，以多种方式进行组合的双重要素认证等方式
			服务器认证	也有客户对服务器进行认证的技术，以防止服务器被冒领。有 HTTP 客户对 Web 服务器进行认证的 SSL（安全套接层）等例子。认证可采用电子证书等方式
			设备/终端认证	对通信对方的设备/终端，如智能手机等进行认证。使用制造编号等对最初生成的设备特征数据进行认证。也有使用电子证书（客户证书）的情况
			ECU 认证	车载设备认证。无标准化的信息进行认证，除 EVITA HSM 等案例外，可使用 TPM 等方法
			信息认证	对通信对方传来的信息进行认证。对信息是否被篡改，是否信息来自伪造信息进行检测。可使用信息散列函数化后的数值，通过区块加密算法得出的加密值等
			程序认证	对系统内的程序进行认证。有在可实际运行的程序上附加电子签名。软件安装（更新时验证发布方是否可信等方法。使用该方法也可检测程序是否被篡改。此外，通过在远程运行时对电子签名进行验证，可防止非法软件的运行，维护运行环境的安全

注：来源于日本信息处理推进机构（IPA），《汽车信息安全对策简介》，2013 年 3 月，第 45—46 页。

第4章 实现自动驾驶所面临的课题

表4-4 针对CAN脆弱性的对策的一般考察（二）

区分	安全对策		概要
功能设计	安全功能的应用	访问控制	权限设定/权限最小化：对许可资源访问以及功能实施成功的用户过程进行限定。此外将许可事项限定在必要最小范围。Linux内核技术的依据访问资源重要度对访问进行控制的SE-Linux，以及假想机器等技术。两者均可以通过将受攻击的概率最小化，防止威胁的发生
			数据包过滤：在传输路径或接收端对通信数据进行检查，并将未得到许可的通信隔断，可防止外部的非法访问
			域分割：将程序的模块按安全重要性进行分组，对不同组间数据的交换设置进行限制。基本控制功能和扩张功能的分离，以及车载设备功能的网关设置进行分割。可将危害及攻击的影响范围进行隔断
			网络分割：以安全重要度对车载LAN等其他LAN网络进行分割，并在其间设置网关，以此防止非法访问。车载LAN中的与基本控制功能相连的部分和其他部分进行分割，从其他部分无法直接访问与基本控制功能相连的部分。可将危害及攻击的影响范围隔断
			安全控制：车载系统中实际安装的访问控制功能，通过安全控制开展存在安全条件差异的信息通信。由此将车辆控制与处理信息隔离，实现安全处理
实车安装	安全编程		防止出现缓存溢出、跨站脚本攻击等已知漏洞的编程技术。防止编程产生的程序薄弱性。禁用使用产生薄弱点的函数，禁止使用易产生误解的代码标记等编程规则的执行也是有效的
评价	安全试验		对已完成程序是否有薄弱点进行确认的方法。有源代码检查方面，有代码的规则检查，使用工具对代码进行目视检查。在动态检查方面，通过模糊规则测试将异常数据输入系统，确认系统反应等方法
其他	研究使用方法		通过在使用方法上的专门研究，预防安全问题的发生。例如，当智能钥匙能无线连接受DoS攻击而导致无法上锁时，需要使用者对此实际上锁进行确认
	使用者教育		实施如何确保使用者在操作时不引发安全问题、危险性，安全使用方法相关的教育
	设定值安全		采用即使不改变出厂时的初始设定，也可以确保安全性的设计。例如，告知使用者出厂时将安全功能激活，无须安全功能时将其关闭

注：来源于IPA，《汽车信息安全对策简介》，2013年3月，第45—46页。

至少，在导入下列措施后，可在相当程度上减少威胁

- 将OBD Ⅱ 返回的数据格式改变为CAN网络中实际传输中的数据
- 数据传输时，指定被诊断方的数据地址（或者不进行广播，至多只进行多播）
- 对连接OBD Ⅱ 的设备进行认证

关于与网络的关系，只要不将车内装载的"恶意设备"与智能手机等通信终端相连接（可通过WiFi、蓝牙、USB等），可认为"从外部进行数据篡改是困难的"

- 如同在他人家中安装窃听器，在一般车辆上的实施是极为困难的
- 或者，通过入侵目前与CAN或通信机直接连接的车载导航，将其变为"恶意设备"？

- 车载ICT可能成为入侵的对象
  ✓ 需将常规ICT的网络安全技术导入车载ICT与外界的通信
  ✓ 车载ICT和CAN间的通信，后续需定义追加对策

图 4-3 CAN 脆弱性的相关点

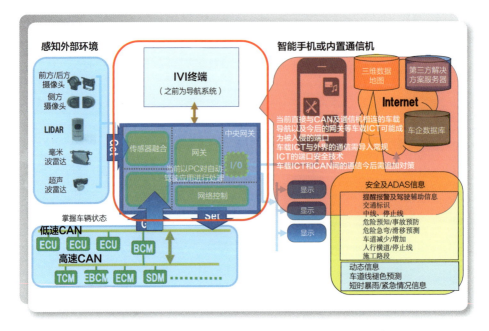

图 4-4 网络安全的待解决点

白名单和黑名单

接下来,将关注点转移至车辆所处的外界环境。如第 2 章所述,为确保网络安全,需要将所销售车辆使用人的个人信息连入汽车企业的数据中心,以确保信息安全。可通过类似单域 LAN(局域网)的结构实现(图 4-5)。

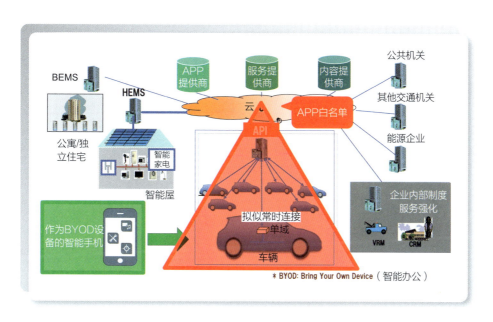

图 4-5 与外部服务提供商的连接

汽车企业通过白名单对车辆可下载的应用进行管理将变得非常重要。汽车企业通过发布类似"该应用可被使用"的声明,将可下载应用纳入白名单。

例如苹果公司的 iPhone 对其可下载的应用进行了严格筛选。苹果公司通过在性能及内容上对基于苹果专用 SDK(软件开发工具)编写的应用程序在性能及内容上进行确认后,官方公布该软件"可安全下载"。

与之相对的是黑名单模式,该模式在安卓系统上使用。任何人均能编写软件,仅需通过网络上传即可发布。但是如果编写

> 1. 此处仅描述了基本情形，当前状况在持续发生变化。

了恶意软件，则将被公告。此即将恶意软件进行公告并列入黑名单的模式。如果评价很差，列入黑名单的软件将被删除[1]。

车辆将采用白名单模式

在车辆上，运用黑名单模式明显存在风险，因此需要采用白名单模式。当各类服务提供商开发车用应用软件时，该软件需被列入白名单，才能够被车辆下载。为此，希望各汽车企业能够推出用于车载软件开发的 SDK。

在该模式下，第三方若希望开发车载应用，则必须对车载应用是否基于 SDK 得到正确开发进行确认、评价，并对其安全性进行确认。通过认证后，应用才能够被上传至网络并被车辆下载使用。当操作系统版本升级时，有必要跟进软件版本的升级管理。目前操作系统开发商所做的工作，今后汽车企业也有必要开展。

CPU 的 PKI（公钥构架）也至关重要。通过交换钥匙，两设备间信息交换的安全性得到了保证（图 4-6）。

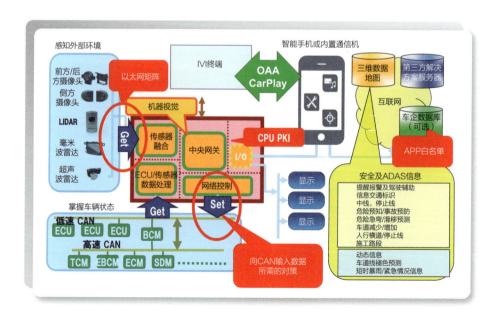

图 4-6　安全对策

4-2　隐私保护问题与对策

随着自动驾驶的推广，出现了如何保护个人隐私的问题。甚至可能发生如下情况：将智能手机与车辆连接后，智能手机端第三方应用中的个人信息被泄露。因此需要对在车上使用应用软件时，个人信息是否能得到安全管理进行确认（图4-7）。

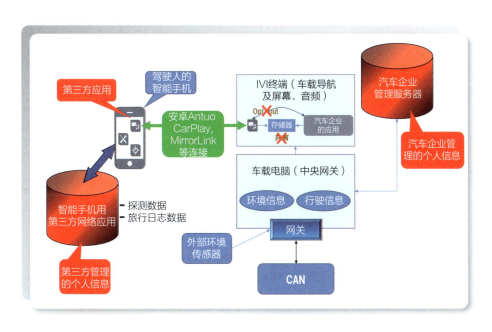

图4-7　与第三方服务的关系

例如，有称为设备令牌的技术，只有第一次的连接需要认证，确认无误后，后续可安全地直接接入。

保护到何种程度？

也有关于"个人隐私需保护到何种程度？"的争论。隐私保护可分为不想成为个人攻击的对象、不想泄露数据、不想泄露信息几类。如果出于个人利益，做出了与社会制约及利益相违背的行为，则当事人会希望该信息不被任何人知晓（图4-8）。

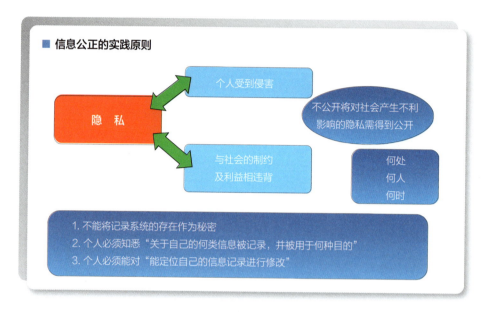

图4-8 对车辆信息处理与隐私关系的考察

对此，用户会产生不想对外泄露此类信息的想法。例如，即使在限速100km/h的道路上以120km/h行驶，当前这种违法行为也并不一定被记录，因为得到作为证据的测量数据需要耗费精力及财力。但在自动驾驶模式下与网络相连时，则可以简单地获取所需信息。甚至去过不想为人所知的地点这类事也将暴露。类似上述事例，出现了我们需要将隐私保护到何种程度的疑问。

日本用户对此是敏感的。在日本，存在对被暴露信息被盗用、恶意使用或以此被他人胁迫的强烈的恐惧感。因此有必要对汽车企业需获取信息用于何种目的、对信息如何进行处置管理、何时将数据删除等使用的尺度进行定义。

同样，通信企业、手机生产企业等也可以通过使用移动电话交换机，详细掌握通话内容及通话对方是谁（图4-9）。

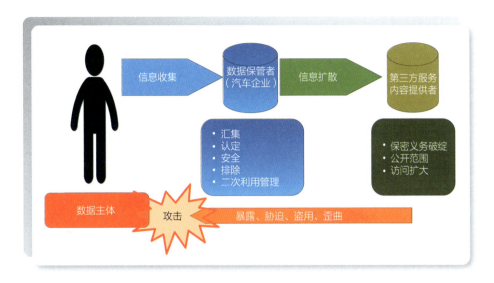

图 4-9　汽车企业应做的事与"保证通信保密性"相近

无人出租车更是如此：车中的乘客在干什么？目的地是何处？事实上，管理者若是想要获取这些信息可以轻松得到。虽然管理者确实有必要了解这些信息，但信息不应对外泄露。正如同通信企业不会泄露客户信息，汽车制造商也不会泄露。如果信息被泄露，将对企业信用及品牌形象造成恶劣影响。鉴于"确保通信的机密性"已达到广泛共识，车辆制造商也将同样对用户的信息进行保护。

将数据传回日本不存在问题

也存在传回日本后的数据安全性是否能够确保的问题。例如，当需要获取欧洲市场上日本汽车企业生产车辆的运行数据时，有不少 ICT 企业认为不允许将数据传输至日本，并在日本进行分析（图 4-10）。

然而这并不是事实。在定义欧洲市场所需读取的车辆信息数据结构时，笔者本人也曾对此感到担心。然而，通读了欧洲个人保护法后，并未发现任何不允许将数据传至日本的规定。

图 4-10 数据中心的所在地（对于欧盟而言）

1. DPA 是 Data Protection Authorities（数据保护职能方）的缩写。

当需要跨国输出数据时，只要在申请时对系统构造、数据保存地点、何时使用、用于何种目的、确保不用于其他目的、以及如何将数据废弃等信息进行详细说明后，是可以获得通过的。通过上述方式，目前欧洲数据实际上已在日本展开实际分析。尽管有不少人一味认为这是不可行的，但阅读欧盟发布的法规原文后，可明确地认识到并非如此。当然，所有数据都必须基于与用户的合约，在征得用户同意后才可获取。

上述情形也存在无法实现的情况。将提取到的欧洲用户数据上传至美国服务器，并加以分析是困难的。在美国，因各州政府而异，要求数据公开展示中的"要求"有近乎"强制"的含义。因此存在隐私最终无法得到保护的可能性。法律专家所说的"严格实施的话，性质就不同了"，大概指的就是这个吧。

4-3 全球化竞争中是否能取胜

今后，在自动驾驶领域与海外企业的竞争将越发激烈。在日本，汽车制造企业是开发的主体，没有类似谷歌公司这样的企业。

在人才的争夺战中能否获胜

在围绕深度学习展开的竞争中，日本或许已经落后了。随着深度学习适用范围的急剧扩大，即使在世界范围内，人才也存在短缺。甚至有观点认为，"能深入理解深度学习真正含义的人，在世界范围内也屈指可数"。

由此出现了人才的争夺战。在竞争中，人才逐渐被知名互联网企业招致麾下。日本的许多企业在这次争夺战中败下阵来，甚至根本没有参与。如果未将争夺人才作为既定目标，这或许将为未来日本在自动驾驶领域的落后埋下祸根。

本书第 3 章中介绍的深度学习领域的大家 Yann LeCun，在 Facebook 公司研究所担任所长。多伦多大学教授 Geoffrey Hinton 成立了 DNNR 公司，该公司随后被谷歌公司整体收购。中国百度公司在圣何塞、硅谷成立了人工智能研究所，并聘请以"谷歌猫脸识别"而成名的 Andrew Ng（吴恩达）担任要职。笔者认为，上述动向很可能将对企业竞争力及产业动向产生非常深远的影响。自动驾驶的发展依赖于人才，由此产生了企业间对人才的争夺。

巨型数据库的登场

作为云、IoT、大数据、深度学习的基础，数据库将成为将来产业变更的重要因素。此类数据库正在变得巨型化。数据库是在云端实现人工智能的不可或缺的基础设施。当然,不仅局限于人工智能,为了进行大规模的数据处理,各大国际互联网企业均各自拥有100万台级别的数据库(图4-11)。

- 据说谷歌有大约100万台服务器
  - 2008年起用于云计算的数据中心以较大优势位列世界第一
  - 谷歌自身通过系统整合构建数据中心
- 亚马逊接近100万台,与谷歌不相上下
  - 用于自身的电子商务及AWS(亚马逊网络服务)
- Facebook在IPO后急剧扩张
  - 目前以30万~40万台展开运作
  - 全球范围内正在开展4个数据中心的建设
  - ✓ 在技术层面上有着全球领先的能源效率(1.07PUE[2])
- 微软也因Azure而急剧扩张
- 据说中国阿里巴巴拥有300万台服务器
- 据说日本全国不足100万台

图4-11 数据中心的规模至关重要(从大数据到深度学习)

谷歌公司也被认为拥有大致100万台左右的服务器。谷歌公司对服务器数量进行控制,但对其进行持续的改良,以此不断提高计算效率,降低能源消耗。亚马逊公司的业务不仅局限于商品销售,同时开展了名为AWS(亚马逊网络服务)的云业务,有消息称其数据库规模也达到了100万台的级别。由于微软公司在其云端平台(Azure)业务上的扩大,其数据库规模也急剧扩大至100万台[3]。Facebook公司也急剧扩张,其服务器数量已接近100万台,可以预测Yann LeCun将在其基础上展开人工智能领域的研究。

中国又是什么情况呢?有消息称阿里巴巴公司在IPO(首次公开募股)前已具备300万台服务器规模的数据库。IoT(物

---

[2] PUE: Power Usage Effectiveness,数据中心能源效率评价指标,PUE = 数据中心总设备能源/工厂设备能耗,越接近1表明能效水平越好。

[3] http://www.extremetech.com/extreme/161772-microsoft-now-has-one-million-servers-less-than-googel-but-more-than-amazon-says-ballmer.

联网）作为战略新兴产业，在中国自2011年起的"十二五"规划中得到了切实推进，"十三五"规划也将大数据运用作为重点推进目标。在人口达13亿的中国，随着智能手机及物联网对市场的逐渐渗透，大规模数据中心存在的必要性是毋庸置疑的。或许将谷歌、亚马逊、Facebook、微软的所有数据中心加起来，在数量级别上也无法匹敌阿里巴巴。百度也正在对阿里巴巴紧追猛赶中。或许中国正在以相当的气势构筑其巨型数据中心系统。人工智能，特别是对在深度学习领域研究的积极推进，正需要依赖这类互联网系的企业群。

日本全国也仅有100万台服务器

与此相对，日本在数据中心领域十分薄弱。日本所拥有的最大规模云计算用服务器群也仅有不足4万台。有消息称，日本全国云计算用服务器仅有100万台左右，这仅是美国云计算企业中单个企业所拥有的数量。

即使日本全国有100万台服务器，由于其域名按各公司进行分割，无法对大规模计算所必需的大量数据进行高速处理。如果仅针对日本市场，数据量少并且难以集中。不对至少5万至10万台数据中心进行合并，并以此进行大量数据处理的话，是无法展开深度学习计算的。由此一来，日本无法培育具有国际水准的优秀计算机学家及数据学家，或者人才很有可能流失海外。

日本的传感器技术非常先进，并在国际上获得普及。今后，安装了高精度传感器的各类商品或许将充斥市场。然而，如果数据中心体系如此薄弱，传感器收集的数据或许将需要被传送至海外的数据中心识别、分析后再传回日本。或者，从个人信息保护法的观点出发，日本企业持有的数据无法直接投放海外，导致仅日本的有用数据无法得到利用。缺少数据中心，很可能在今后将不具备产业竞争力。此外，作为提供服务的海外企业，

将数据投入位于海外的数据中心也是不言而喻的。因此在日本尽早建成巨型数据中心成为当务之急。

在当前的经济状况下，能在日本投资建设巨型数据中心的，应该只有汽车企业了吧。为了确保今后的国际竞争力，汽车企业也有必要建立巨型数据中心。在净利润上，超越美国Alphabet公司（最近成为谷歌母公司）的汽车企业，在世界范围来看只有丰田及德国大众公司。

投资的价值也是存在的。计算机不仅在性能上得到提高，价格也下降了。2012年在开展"谷歌猫脸识别"项目时，其使用的服务器群价值达100万美元，而目前同样的设备据说可仅以2万美元获得。计算机的发展竟如此迅速。作为自动驾驶必备的基础设施，日本企业也必须装备10万台级服务器群以上的数据中心。